简牍高质量整理出版工程项目成果
"十四五"国家重点出版物出版规划项目
2021—2035年国家古籍工作规划重点出版项目
国家古籍整理出版专项经费资助项目

清华大学藏
战国竹简校释

（壹）

《命训》诸篇

黄德宽　[美]夏含夷　主编
清华大学出土文献研究与保护中心　编
程浩　校释

图书在版编目(CIP)数据

清华大学藏战国竹简校释.壹,《命训》诸篇/程浩校释;黄德宽,(美)夏含夷主编.—北京:商务印书馆,2024(2025.9重印)
ISBN 978-7-100-22985-2

Ⅰ.①清… Ⅱ.①程…②黄…③夏… Ⅲ.①竹简文—注释—中国—战国时代 Ⅳ.①K877.54

中国国家版本馆CIP数据核字(2023)第175935号

权利保留,侵权必究。

清华大学藏战国竹简校释(壹)
《命训》诸篇
程浩 校释
黄德宽 〔美〕夏含夷 主编

商 务 印 书 馆 出 版
(北京王府井大街36号 邮政编码100710)
商 务 印 书 馆 发 行
北京市白帆印务有限公司印刷
ISBN 978-7-100-22985-2

2024年10月第1版　　开本710×1000 1/16
2025年9月北京第4次印刷　印张12¾
定价:80.00元

《清华大学藏战国竹简校释》总序

20世纪以来,中国考古学的发展和一系列重大考古发现,极大地丰富了当代学者对古代中国的认识。在众多考古发现中,70年代以来出土的银雀山汉简、马王堆帛书和郭店楚简等简帛典籍,可称得上是中国考古发现的标志性事件。[①]这些古代文献的问世引起了学术界的高度关注,对中国当代人文学术的发展产生了极为重要的影响。海内外学者从不同的学科背景出发,围绕这些新出简帛文献,在中国古代史、古文献学、古文字学等不同领域开展了多方面的深入探讨,形成了当前人文学科的前沿和热点研究领域。

战国秦汉简帛文献新发现对中国当代人文学术的深刻影响,彰显了出土文献资料对古代中国研究的重要价值和非凡意义。从世界文明发展史来看,中华文明历史悠久且延绵不绝,记载中华文明的文字系

---

① 银雀山汉简,1972年4月发现于山东临沂银雀山1号汉墓。该批竹简有7500余枚,包括《孙子兵法》《孙膑兵法》《六韬》《尉缭子》《晏子》《守法守令等十三篇》《论政论兵》等传世典籍和佚籍。马王堆帛书,1972年12月至1974年初发现于长沙市马王堆汉墓,其中3号墓出土大批帛书。经整理,马王堆帛书有各类文献(图)约百种(篇),包括《周易》《老子(甲、乙)》《春秋事语》《战国纵横家书》《足臂十一脉灸经》《阴阳十一脉灸经(甲、乙)》《导引图》《养生方》《十问》《合阴阳》《天下至道谈》等。(参看裘锡圭主编:《长沙马王堆汉墓简帛集成》,北京:中华书局,2014年)郭店楚简,1993年10月发现于湖北省荆门市江陵纪南城遗址之北9公里的郭店村战国楚国贵族墓地1号墓。郭店楚墓楚简800余枚,包括《老子(甲、乙、丙)》《太一生水》《缁衣》《鲁穆公问子思》《穷达以时》《五行》《唐虞之道》《忠信之道》《成之闻之》《尊德义》《性自命出》《六德》《语丛》(一至四)等,都是战国时期楚地流传的文献,除《老子》《缁衣》外,多为佚籍。

统是世界上唯一的保持古典形态并持续使用至今的自源文字体系，因此，用中国文字书写的典籍文献也一直传承有序，从而使中国成为世界上文献资源积累最为丰富的国度。汉代对先秦文献的搜集整理和经典化历程，为嗣后两千多年的中国古籍传承和古典文献学的发展奠定了深厚的基础，中国古代经典文献的神圣地位也从来未曾发生过动摇。

近代以来，中国新史学的产生和"疑古思潮"的兴起，引发了对传统历史文献的批判和上古史的清算，从而深刻影响和动摇了传统史学和古代典籍的历史地位。在这样的大背景下，殷商甲骨文、西周金文等古文字资料和战国秦汉文献的相继发现，就有着特别重大的意义。1925年，王国维（1877—1927）以其学术卓识，在清华大学国学院开设《古史新证》课程，提出了著名的"二重证据"法，不仅对前人的"信古之过"和近世的"疑古之过"予以纠偏，而且在与"纸上之材料"互证中凸显了"地下之材料"的文献学和历史学价值。[1]

20世纪70年代至今，新发现的大批战国秦汉古书佚籍，有些可与传世典籍相比勘，解决传世古籍中一些长期难以解决的难题；有的可证实流传于世曾被怀疑为伪作的一些古书的真实性；还有许多未曾传世的佚籍为先秦两汉历史文化研究提供了新的材料；而且，对当时书籍的制作、流传、嬗变和形制体例也获得了比以往更加清晰的认识。战国秦汉简帛文献的这些新发现，推动了以历史学、文献学和古文字学等为代表的中国当代人文学科的进步，使其呈现出空前繁荣发展的局面。

2008年，在李学勤先生的积极努力下，清华大学得以从香港文物市场抢救收藏一批珍贵的竹简文献，这就是通常所说的"清华简"。清华简总数近2500枚，通过AMS碳14年代测定，该批竹简的时代约在公元前

---

[1] 王国维：《古史新证——王国维最后的讲义》，北京：清华大学出版社，1994年。

305±30年左右，属于战国中期偏晚。这一检测结果与清华大学组织的专家鉴定意见是基本一致的。同年，清华大学成立了出土文献研究与保护中心，在李学勤先生带领下开展清华简整理和研究工作。经过十余年艰苦的整理研究，目前已出版清华简整理研究报告十二部，整理研究工作已进入到最后阶段。①清华简整理研究报告已公布各类珍稀文献62种（篇），其中入选第四、五、六批《国家珍贵古籍名录》的有44种。

清华简内涵极为丰富，包括多种先秦典籍，许多文献涉及中华文明的核心内容，下面分别略做介绍。

（一）清华简《尚书》类文献。这类文献主要有与《商书》有关的《尹至》《尹诰》（又名《咸有一德》）《说命》（三篇），以及与《周书》相关的《保训》《金縢》《封许之命》《厚父》《摄命》（《冏命》）《四告》等篇；还有《命训》《程寤》《皇门》《祭公》等《逸周书》类文献。这些文献中，有的是亡佚已久的古文《尚书》佚篇，有的是从未见于文献记载的篇目。清华简《尚书》类文献的再发现，具有重大的学术史意义。清华简中有些《尚书》类文献未必为西周作品，有可能是春秋战国时期改写或拟作的，这些文献同样具有重要的资料和学术价值。

（二）清华简与《诗经》有关的文献。清华简《耆夜》篇记载武王八年戡耆（黎）得胜，在文王宗庙举行饮至礼，武王、周公等彼此赋诗酬唱，其中周公所吟《蟋蟀》篇，《诗经》中就有同名诗篇，二者比较，有同有异，而其他诗篇则没有任何文献记载。《周公之琴舞》是一组诗，首四句为周公儆戒诗，后列成王诗一组九首，除其中第一篇

---

① 《清华大学藏战国竹简》，由上海中西书局出版发行，2010年12月第一辑整理研究报告出版，此后，每年发布一辑，到2022年已出版整理研究报告共十二部。全部清华简整理完成之后，计划出版整理研究报告共十六部。

即《周颂·敬之》外，其他皆亡佚。《芮良夫毖》为芮良夫因厉王时弊所作的训诫之诗。芮良夫事迹文献多有记载，《大雅·桑柔》相传为他所作。这些诗篇，多未收入《诗经》，可以丰富我们对西周时期礼乐和诗歌关系的认识，为《诗经》这部文学经典的研究提供了新资料。

（三）清华简所发现的古史资料。清华简《系年》是一部亡佚已久的史书，记载了西周到东周的历史变迁，以及秦、郑、晋、楚、吴、越等诸侯国的兴起和发展。《楚居》篇则记录了楚国早期历史和楚王徙居都邑的情况，对楚国历史研究有多方面的价值。《管仲》《郑武夫人规孺子》《郑文公问太伯》《子仪》《子产》《子范子余》《晋文公入于晋》《赵简子》《吴越其事》等篇，丰富了东周诸国历史研究资料。

（四）清华简新见思想文化史资料。清华简中发现的思想文化史资料，内涵复杂，既有多篇治邦理政类的文献，如《邦家之政》《治邦之道》《成人》《邦家处位》《治政之道》《虞夏商周之治》等，也有政治思想、天文历象、阴阳术数融为一体的文献，如《命训》《管仲》《心是谓中》《筮法》《别卦》《四时》《行称》《五纪》《三不韦》等。清华简第十一辑新发布的《五纪》篇，是一部极其重要的佚书。这部佚书论述了天地神人的相互关系，建构了一套庞大而复杂的天人系统，该篇简文是先秦思想文化史资料的重要新发现。

（五）清华简所保存的先秦科技史资料。清华简涉及先秦科技史的诸多方面，如《算表》，为古代数学文献最早的实物例证，是一种实用的"算具"，对先秦数学史研究很有价值；而《四时》《五纪》等篇，为先秦天文历律研究提供了珍贵的材料；通过《五纪》篇可以推拟先秦的宇宙图式，了解先秦对人体结构的精准认识，等等。

清华简中的大多数文献未曾传世，其丰富的内容和重要的文献价值，对中国上古历史文化和学术史研究极为珍贵。作为战国楚地抄本，清华简是当时楚人抄录或撰写的，反映了战国时代楚地语言文字发展和使用的实际面貌，对汉语史、汉字史研究都很有价值。

清华简一经公布，便受到海内外学术界的高度重视，被誉为堪与汉代孔子壁中书、西晋汲冢竹书相媲美的先秦文献的又一次重大发现。清华简在学术界和社会产生了很大影响，国内外相关学科的学者利用清华简提供的新材料，开拓研究领域，产生了一批有重要影响的学术成果。

在清华简文本整理研究工作进入尾声之际，我们适时启动编纂《清华大学藏战国竹简校释》（以下简称《校释》）这套丛书，主要是基于以下考虑：一是由于清华简是距今2300多年的战国古文字抄本，文本的整理和研究难度极大，尽管我们在整理过程中付出了艰辛努力，但有些简文因思想内涵十分复杂而难于理解，有的文本在字、词、句辨析等方面一时还未能形成一致的认识。各辑整理研究报告发布后，学术界围绕整理研究报告发表了许多新的意见，有些意见纠正了原书的错误，有些意见可作为进一步探讨有关问题的参考。随着整理研究的推进，整理研究团队对简文的认识也在不断加深，过去未能解决的一些问题也逐步得到解决。为了及时反映学术界研究的新进展，适时启动编纂本丛书有其必要性。二是在清华简新材料公布之后，海内外相关学科的学者围绕清华简开展了各类课题的研究，整体上推进了清华简研究和价值发掘的不断深入，但由于原整理研究报告专业性很强，对非出土文献与古文字研究领域的学者而言直接使用该书颇为不便，他们希望能有一套体现出土文献研究新成果且便于使用的清华简校释本。三是随着中华优秀传统文化越来越引起社会各界的重视，许多热爱传统文化的读者，也很希望有介绍清华简的通俗读物出版。为了及时吸收和反映学术界清华简研究的新成果，适应不同学科学者和读者对清华简的需要，也体现整理研究团队对清华简的新认识，我们决定启动这套《校释》丛书的编纂工作。

《校释》编纂的启动还有另一个重要的动力。清华简公布以来，不少外国学者尝试将清华简文本翻译成外文。2019年，夏含夷先生来清华讲学期间，我们就清华简英译问题进行了沟通交流，觉得有必要合作开展清华简的英译，以适应国际学者研究清华简的需要。于是，中心邀请夏含夷先生担纲，组织国际汉学研究学者共同从事全部清华简的英译工作。2020年，清华简英译项目顺利启动。清华简英译作为一项跨文化、跨语言的工作，要求译者必须通晓清华简文本使用的上古语言文字及其历史文化背景，对译者中英文的学识和水平有着极高的要求。做好清华简的英译工作需要中外学者相互交流配合，因此，编纂这套《校释》也可为清华简的英译创造有利条件。

《校释》编纂的基础是已经出版的各辑《清华大学藏战国竹简》整理报告。这次利用编纂《校释》的机会，根据简文内容的关联性和原简编连信息，对原整理研究报告各篇进行了重新的分卷，尝试尽可能地恢复清华简文本的原貌。每卷内容包括各篇简文解题、简文释文、注释、白话翻译，并附录原简释文、传世文本资料、参考文献等。各卷之后附简文红外图版，这些图版是首次发布，相信会受到专业研究者的欢迎。全书除原简释文部分使用繁体字外，其他皆用简化字，注释力求简明通俗，白话翻译主要为一般读者阅读简文提供帮助。我们的目标是使这套《校释》最大可能地兼顾到本学科以及不同专业背景学者的需要，并能适合一般读者的阅读需求。

《校释》作为中心团队的集体研究项目和成果，具体分工如下：为保证《校释》和英译工作的衔接和协调，经过协商，由我们共同担任《校释》与英译丛书的主编，负责丛书的编纂组织、体例拟定和质量把关。各卷任务的承担者，主要是本中心参加清华简整理研究的教师，也邀请曾在清华求学并参与过清华简整理研究工作的部分学者担负一定的任务。《校释》各卷承担者开展的工作，包括：撰写各卷前言和简文各篇解题；依据原整理研究报告释文、注释，吸收学术界研究新成果，撰写通俗性注释；将简文释文译成白话；增列有关参考文献等。全套丛书的红外图版，由贾连翔组织中心人员扫描完成，并负责后期统一处理。马楠负责《校释》编纂的组织、书稿初审以及相关编务工作。

清华简的整理研究和海内外传播，是一项很有意义的事业，更是一项任务艰巨的长期工作。李学勤先生晚年为清华简鞠躬尽瘁，直到生命的最后时刻还心系清华简。2019年初，李先生不幸与世长辞，而清华简的整理研究工作才刚刚过半，李先生的病逝，无论对中国学术界还是清华大学都是一个重大损失！我们要努力完成李先生未竟的事业，继续做好清华简的整理研究工作，不断开拓清华简研究和传承传播新局面。我们深知，只有如此，才是对李先生的最好缅怀和纪念。

近年来，中国出土简牍文献的整理研究得到高度重视，《校释》的编纂不仅列入《2021—2035年国家古籍工作规划》，还得到"国家古籍整理出版专项经费""古文字与中华文明传承发展工程"及"清华大学藏战国竹简的价值挖掘与传承传播研究"重大项目的支持，又适逢简牍高质量整理出版工程启动，我们非常有幸，赶上了这个前所未有的重要发展机遇。借此机会，谨向支持《校释》立项资助和出版的各位同仁，向为《校释》出版付出辛勤努力的商务印书馆的各位领导和先生们，一并致以感谢之忱！

我们希望清华简的校释和英译工作，对推进中国简牍高质量整理出版、对清华简的研究传播和国际学术交流能有所贡献；我们也期待各位学者对这项工作继续给予热情帮助和支持，提供宝贵的意见和建议！

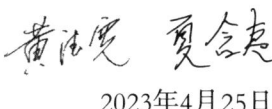

2023年4月25日

凡　　例

1.结构。《清华大学藏战国竹简校释》（以下简称《校释》）对清华大学藏战国竹简原整理报告所收篇目重新分类和分卷，根据新的研究进展进行校释。各卷包括解题、宽式释文、校释、白话译文、原简释文、传世文献资料、参考文献，卷末附新拍摄的清华简红外照片。

2.字形。除原简释文部分用繁体字外，其他部分使用简体通行字。古字、俗字以及楚文字中一些特有用字尽可能转写为通行字。需要保留异文、古字和借字的，用相应符号标识。疑难字或存在异说的，保留原隶定字形，尽可能减少或不用原图片来处理未识字。

3.注释。简明、准确、通俗、规范，少用文言词，避免半文不白。被注释语与注释语皆不加引号，用"，"分开。

4.术语。异体字、古今字，用"简本作""原简作"或"古字作"。通假字，用"简本借用'某'字"，或"简本用借字"，或"借用"。讹字，用"简本讹作'某'"，或"简本误作'某'"。

5.译文。简文用白话翻译，力争晓畅规范，契合简文原义。某些疑难问题学术界意见尚不统一的，择善而从。有些内容目前还不能确切理解的，必要时在译文之后增加注释予以说明。有些由于内容的特殊性无法进行白话翻译，或白话翻译后易造成简文内容失真或偏误的，不勉强翻译，如《算表》《筮法》等。

6.传世文献。简文有传世文献或有内容相关文献的，列出作为参考，注明来源。如传世文献的古注与简文释读密切相关，则以括注形式予以援引。

7.参考文献。范围为公开出版或发表的专著、论文和学位论文。论坛跟帖、网站文章评论,限于丛书格式,不列入参考文献。参考文献按作者姓名音序排列。

8.符号。通假字、古今字、异体字用"( )",讹字用"〈 〉"括注。阙文,可确定字数的,每字用一"□"标示;不能确定字数的,用"……"标示,残缺而能补定的文字,以"[ ]"补出。简文若有缺失或残损,在标记省略号的同时,在注释中说明此处缺失或残损的具体情况。

9.竹简图片。采用新拍摄的清华简红外照片,每篇简文先用缩小的照片显示编联后的简文整体面貌,再对每支简的照片按照一定比例进行放大剪切,并配上校订后的严式隶定释文。

目　录

前言 ·· 1

命训 ·· 5
 解题 ·· 5
 简文校释 ·· 6
 白话译文 ·· 14
 原简释文 ·· 16
 传世文本资料 ·· 19
 参考文献 ·· 20

程寤 ·· 22
 解题 ·· 22
 简文校释 ·· 23
 白话译文 ·· 27
 原简释文 ·· 28
 传世文本资料 ·· 30
 参考文献 ·· 31

皇门 ·· 33
 解题 ·· 33
 简文校释 ·· 34

白话译文 ……………………………………… 41
　　原简释文 ……………………………………… 42
　　传世文本资料 ………………………………… 44
　　参考文献 ……………………………………… 45

祭公之顾命 …………………………………… 47
　　解题 …………………………………………… 47
　　简文校释 ……………………………………… 48
　　白话译文 ……………………………………… 57
　　原简释文 ……………………………………… 59
　　传世文本资料 ………………………………… 61
　　参考文献 ……………………………………… 63

保训 …………………………………………… 65
　　解题 …………………………………………… 65
　　简文校释 ……………………………………… 66
　　白话译文 ……………………………………… 72
　　原简释文 ……………………………………… 73
　　传世文本资料 ………………………………… 75
　　参考文献 ……………………………………… 75

封许之命 ……………………………………… 77
　　解题 …………………………………………… 77
　　简文校释 ……………………………………… 78
　　白话译文 ……………………………………… 85
　　原简释文 ……………………………………… 86
　　传世文本资料 ………………………………… 87

参考文献……………………………………………………… 88

竹简图版……………………………………………… 91
命训………………………………………………… 93
程寤………………………………………………… 111
皇门………………………………………………… 123
祭公之顾命………………………………………… 139
保训………………………………………………… 163
封许之命…………………………………………… 177

前　　言

本卷收录的《命训》《程寤》《皇门》《祭公之顾命》以及《保训》《封许之命》六篇竹书，与《逸周书》皆有一定关联。

《逸周书》又称《周书》，由于在古代的文献系统中被视作"别史"一类，遂导致该书长期隐而不彰。《汉书·艺文志》载有"《周书》七十一篇"，颜师古注引刘向云："周时诰誓号令也，盖孔子所论百篇之余也。"一般认为，今传《逸周书》便是刘向等人根据这类材料所纂集的。如陈梦家《尚书通论》即云："今所见《逸周书》，当是刘向根据中秘的原始材料而加以整齐成编，如他所编的《新序》《说苑》一样。"平心而论，此说不无道理，因为汉代流传的今文《尚书》就只有29篇，刘向受百篇书以及"孔子删书"说的影响，从中秘中拣选出71篇"周史记"编订成书，遂可与29篇凑成百篇之数。另一则证据是《逸周书·王会》"《伊尹朝献》，商书"下有"不周书录中以事类来附"，孙诒让《周书斠补》指出："此十字疑刘向校书时所加，若《晏子春秋》《韩非子》常有此例，恐未必是孔注也。考《汉书·艺文志》无《商书》，而小说家有《伊尹》二十七篇，疑《朝献》即《伊尹》书之一篇，秦汉人录附《周书》，而刘向校定遂因而存之耳。"刘向的这则校记，申明了他选编《逸周书》的原则就是"以事类来附"。

经过刘向整编成书的71篇《周书》，由于编选的原则仅为"以事类来附"，因而其中不止"周时诰誓号令"，许多春秋战国以后流行的托古言事之作也被拿来凑百篇之数。梁启超在所著《中国历史研究法》中就曾说："以吾度之，今最少应有十一篇为伪造者；其余诸篇，亦多窜乱，但某篇为真，某篇为伪，未能确指。"《逸周书》中，可明确为其声称之时代所作的，则可谓寥寥无几。蒋善国《尚书综述》认为："《克殷解》《大聚解》《世俘解》《商誓解》《度邑解》《作雒解》《皇门解》《王会解》《祭公解》《芮良夫解》十篇，可以与《尚书·大诰》诸篇有同等价值。"刘起釪《尚书学史》则说："初步可以肯定为周代《书》篇的，是关于周武王的几篇和周公篇卷中少数几篇，即《克殷》《世俘》《商誓》《度邑》《作雒》《皇门》《祭公》七篇，可确认为西周文献。"

《逸周书》作为汉代才选编而成的"书"类文献合集，由于其结集时间并不是太早、成书的情况也比较复杂，再加上汉代以后又经历了汲冢周书的窜入以及后世的增删，其内容与文本已十分复杂。清华简中与《逸周书》互见的《命训》《程寤》《皇门》《祭公之顾命》四篇，就可以很好地体现出该书的这一特点。清华简虽然都是战国抄本，但这四篇的作成时代却有早有晚。我们读《程寤》《皇门》《祭公之顾命》，会明显地感觉到其文辞古奥，又有明确的历史背景，与《尚书》中的"周初八诰"整体上非常相像，刘向将其编入《逸周书》大致是得当的。至于《命训》一类虽托言周初，但显然是春秋战国辩士假托的篇目，未加以分辨就以周"书"视之便是他的失误了。

除了编纂结集时篇目选择方面的问题，《逸周书》在后世流传过程中的损益也可以由清华简的相关文本看得很清楚。就比如《程寤》在今传《逸周书》中虽有存目，但文本已佚失不见。将清华简本与《潜夫论》《博物志》《艺文类聚》《太平御览》《册府元龟》等传世文献的引文进行对比，可以梳理出该篇文本在后世被整理改动的一条完整线索。

与清华简诸篇的文本进行对照，还可看到今传《逸周书》受汉人影响的一些痕迹。如简本《皇门》与《祭公之顾命》绝大多数的"邦"字，在《逸周书》中都避高祖讳而改作"国"或"封"。《祭公之顾命》"作陈周邦"与"改大邦殷之命"的两个"邦"字，到了传本中甚至被直接删去。尤其值得注意的是《皇门》中的一类避讳现象，简本中用作第一人称代词的"朕"，在传本中几乎被删除殆尽。"朕"字是先秦时期诗中常见的第一人称代词，并没有特殊意义，任何人都可自称"朕"，到秦始皇以后才开始作为皇帝专称。《逸周书》的《皇门》篇统删"朕"字，大概是觉得作诰的周公不得僭越称"朕"，显然是汉人的以今律古。

除了刻意的避讳，对底本的误读也会招致汉代人对文本进行改窜。秘中书多为民人所献的战国古文本，而到汉代中期就基本没有人能准确识读古文了。再加上长期壁藏造成的腐朽散乱，给刘向等人的整理工作增添许多困难，导致许多讹误。如简本《皇门》中读为"迩臣"之"迩"的"埶"字，传本就认成"势"，将"迩臣"误读为"势臣"。同样是简本《皇门》中多次出现的"嚚"字，传本与之对应之处分别作"允""暴""而"等，可见转写传本之底本的人并不认得这个字。又如《祭公之顾命》有一个字"曷"在简本的一句中出现两次，都应读为"厚"，而传本分别作"始"与"宅"。大概是由于不能正确识别此字，便随意将其通假。

根据本套丛书的整体规划，未曾被《逸周书》收录的《保训》与《封许之命》两篇也被纳入此卷。除了平衡每卷的体量等方面的考虑，这两篇也确实与《逸周书》有一定的关系。《保训》的内容为周文王临终时对武王的训诫，虽然作成时代不会太早，但篇中所体现思想与《逸周书》卷首的《度训》《命训》《常训》这"三《训》"有较多相合之处，或可视为同时代的作品进行比观。《封许之命》的材料来源则应是周初封建许国时记录成王讲话的原始档案，是一篇标准的"书"类文献。如果刘向得见，大概也是会依例将其编入《逸周书》的。

  由于本卷的篇目公布时间都比较早，学界已经进行了充分的研究。我们在进行校释以及翻译的过程中，对时贤的成果多有借鉴。但是由于丛书体例的限制，未能一一备注，还望读者加以注意。

程浩
2023年7月17日

命　　训

解　题

　　《命训》是《清华大学藏战国竹简（伍）》中的一篇，由刘国忠负责整理。该篇共有十五支简，完简的长度约在49厘米，三道编。全篇各简均有不同程度的残损，其中第一、二、三、七、九、十二、十四、十五诸简的文字也有一些损毁。除第四支简缺损以及最后一支简未书外，每支简的简背均有次序编号，书于竹节处。

　　竹书原无篇题，但内容与收入《逸周书》的《命训》篇高度对应，当系《命训》篇的战国写本，故整理者以"命训"命名本篇。《命训》在《逸周书》中被列为第二篇，次于《度训》《常训》之间，并与后两者合称为"三《训》"。《周书序》说："昔在文王，商纣并立，困于虐政，将弘道以弱无道，作《度训》。殷人作教，民不知极，将明道极以移其俗，作《命训》。纣作淫乱，民散无性习常，文王惠和化服之，作《常训》。"对于《命训》作成的时代，学界一直有争议，即便是清华简中的战国古本现世后，仍有多种不同意见。由于篇中文辞浅白、思想晚出，且多用战国时期常见的"顶针格"修辞手法，几乎没有人相信该篇为商末周初之时文王所作。刘国忠（2015）据《左传》对相关篇目的称引情况推断该篇之作至迟在春秋中期，张海波（2019）则认为其时代不应早于战国前期。无论如何，《清华大学藏战国竹简（伍）》将该篇次于《厚父》与《封许之命》篇之后，应该是符合实际的。

由于《逸周书》在历史上曾长期湮没不彰，久无善本，故文字的讹脱现象十分严重。对照简文，可知传世《命训》篇的文本存在诸多的文字错讹之处，将两本对校，可以在很大程度上帮助我们复原《命训》篇的原貌。

传世本的《命训》篇由于讹误及脱字等原因，内容晦涩难懂，其原有的结构体系未能得到很好的体现。从清华简《命训》中可以看出，该篇结构严谨，前后呼应，主要内容是以天帝口吻教训明王如何运用"大命"与"小命"的规律趋福避祸、统治人民。简文开篇就抛出了"大命有常，小命日成"的核心观念，接下来又叙述了六种"度至于极"的情况；此后则围绕"正人莫如有极，道天莫如无极"的思想，详细论述了关于天道与人道的六种概念及其对治国理政的影响。该篇对于理解春秋战国时期的"天命"思想与"命""极"等概念的具体内涵，都有重要意义。

简文校释

[天]生民而成大命①，命司德正以祸福②，立明王以训之③，曰："大命有常，小命日成④。"日成则敬，有常则广，广以敬命，则度【一】[至于]极⑤。夫司德伺义，而赐之福⑥，福禄在人，人能居⑦，如不居而守义⑧，则度至于极⑨。或伺不义而降之祸，祸过在人，人【二】[能]毋惩乎？如惩而悔过，则度至于极⑩。夫民生而耻不明，上以明之，能无耻乎？如有耻而恒

行，则度至于【三】极⑪。夫民生而乐生谷，上以谷之，能毋劝乎？如劝以忠信，则度至于极⑫。夫民生而痛死丧，上以畏之，能毋恐【四】乎？如恐而承教，则度至于极⑬。

① 简本首字残缺，据传世本补作"天"。大命，应即周人艳称"受天之命"的"天命"，其具体内涵是天帝命使后王君公为之治土牧民。清华简《厚父》"古天降下民，设万邦，作之君，作之师，惟曰：'其助上帝乱下民之慝'"一句，所表达的思想与本篇首句近似。

② 整理报告原来的断句为"命司德，正以祸福"，刘国忠（2016）后又撰文重新进行了断读。"命司德正以祸福"的主语是前一句的"天"。司德，当如陈逢衡所说，"如司命、司中之类"，是主管德行的天神。正以祸福，是说司德以降祸或赐福来匡正下民的行为。

③ 简文"愻"字，近于《说文》"训"字古文，传世本作"顺"，是"训"的通假字。训，训诫、训诰。明王，即贤明的君主，此处是受训的对象。上天把治理庶民的大命降给明王，并派司德对其进行监督，"曰"字以下都是天帝对明王的训诫。下文有"是故明王奉此六者，以牧万民，民用不失"一句，可证受训者为"明王"，而天帝作此训的目的便是教导明王如何"牧民"。

④ 大命有常，大命由天所降故而常久不变。小命日成，即小命乃是日渐形成。孙诒让云："谓日计其善恶而降之祸福，与大命有常、终身不易异也。"刘国忠（2016）指出，《命训》把"命"区分为"大命"和"小命"，其中既表明了"大命有常"不可改变的一方面，同时也强调了人的具体行为对"小命"的直接影响和作用，强调了人的主观能动性。

⑤ 简本第二支简句首残缺两字，当依传世本补作"至于"。度，是表示物质极限的哲学名词，可以理解为限度、标准。

⑥ 简文"司"字，杨一波（2020）读为"伺"，义为观察、探察。传世本

作"夫司德司义,而赐之福禄",与简文相比,多一"禄"字。
⑦ 能,当理解为"乃"。简文"居"字,从冯胜君(2018)读为"倨"(jù),义为轻慢。
⑧ 简文"圣"字,蔡一峰(2016)认为是"肘"的或体,在此处读为"守"。守义,即恪守道义。
⑨ 此数句传世本作"福禄在人,能无惩乎?若惩而悔过,则度至于极",与简文不同。唐大沛疑"惩而悔过"一句系涉下文而误,与简文对照,其说可信。
⑩ 传世本作"夫或司不义,而降之祸。在人,能无惩乎?若惩而悔过,则度至于极",与简文相比,衍一"夫"字,"在人"之前脱"祸过"二字,"人"下又脱一重文符号。简本第三支简简首残缺一字,则可据传世本补为"能"字。
⑪ 简文"佴"字,读为"耻",传世本作"丑",义与之同,都是羞耻的意思。上,指前文所说的"明王",传世本误作"无",下文两处亦然。夏含夷(2016)指出孔晁所见版本即已作"上"。恒,《论语·子路》朱熹集注:"常久也。"
⑫ 简文"穀"字,整理报告最初训为"禄",后来刘国忠(2016)与冯胜君(2018)先后撰文指出此字当训为"养"。《诗经·小雅·甫田》:"以祈甘雨,以介我稷黍,以穀我士女。"郑玄笺:"穀,养也。"《战国策·齐六》:"乃布令,求百姓之饥寒者收穀之。"收穀,即收养。"生养"为同义连言,简本多有此类用法。
⑬ 简文"痌"(tōng)字,读为"痛",在句中作动词,意思是哀痛、痛恨。

六极既达,九奸俱塞①。达道道天以正人,正人莫如有极,道天莫如无极②。道天有极则不畏,不畏【五】则不昭,正人无极则不信,不信则不行③。夫明王昭天信人以度功,功地以利之,使信人畏天,则度至于极④。

① 六极,即上文中六种"度至于极"的情况。简文"九迁",整理报告疑即传世本"六间",但"九"何以作"六"不好解释。许可(清华读书会2015)认为"九迁"即"九奸",可从。塞,阻塞。九奸俱塞,是说奸佞不复存在,乃是"六极既达"后的结果。
② 达道,即通达的道义,见于《礼记·中庸》:"和也者,天下之达道也。"第二个"道"字作动词,是讲述的意思。本篇在此段中提出了"有极"和"无极"的概念,并认为"正人"应"有极"而"道天"宜"无极"。
③ 简文"褱"字与传世本对应的"威"字均应读为"畏"。潘振云:"威、畏通。言天有极,人得而测之,故不畏而道不明;正人无极,人得而畔之,故不信而度不行。"
④ 同简文相比,传世本开头漏一"夫"字。传世本"功"字,简本作"攻",且为重文。简文"攻"字,当读为"功"。度功,见《左传·文公十八年》:"德以处事,事以度功,功以食民。"杜预注:"度,量也。"潘振云:"昭,明也。度,所以立极者。功地,致功于地。授田里、教树畜,度之一大端耳。于以利之,所以使人信者也。"

夫天道三,【六】人道三。天有命,有福,有祸。人有耻,有市冕,有斧钺①。以人之耻当天之命,以其市冕当天之福,以其斧钺当天之祸②。[六]【七】方三物,其极一,弗知则不行③。

① 传世本作"夫天道三，人道三。天有命，有祸，有福。人有丑，有绋絻，有斧钺"。简文"市冒"，整理报告读为"市冕"，认为即传世本的"绋（fú）絻（miǎn）"。
② 简文"尚"字，据传世本应读为"当"，是对等、对应的意思。"天道"与"人道"一一对应、辩证统一，是此段要表达的核心观念。
③ 此句传世本作"六方三述，其极一也，不知则不存"。第七简所缺之末字，可据以补为"六"。孔晁注云："一者，善之谓也。不行善，不知故也。"丁宗洛、朱右曾已据孔注改"存"为"行"，核之简文，甚确。潘振云："方，比也。述，称也。合而比之则六，别而称之则三。天有极，人无极，道皆至善，故曰其极一也。"唐大沛云："曰命、曰祸、曰福、曰丑、曰绋絻、曰斧钺，有此六方，方即道也。术者，道之用也。天人相合，则道之用惟三述耳。论其极，三术实皆一理耳。"综合来看，六方即命、福、祸、耻、市冕、斧钺六种概念。三述，或可读为"三物"，马王堆帛书《系辞》"夫且茅之为述（物）也"，即以"述"字借为"物"。"六方"中两两相当，故约为"三物"。极，极限。下文所强调的就是治理人民不能逾越其所能承受的极限。

极命则民堕乏，乃旷命以代其上，殆于乱矣①。极福则民禄，民禄干善，干善违则不行②。极祸【八】则民畏，民畏则淫祭，淫祭罢家③。极耻则民怟，民怟则伤人，伤人则不义④。极赏则民贾其上⑤，贾其上则无让，无让则不顺。极罚则民多诈，多诈则【九】不忠，不忠则无复⑥。

① 此句传世本作"极命则民堕，民堕则旷命；旷命以诚其上，则殆于乱"。传世本在"堕"字后漏一"乏"字。乏，《庄子·天地》陆德明

释文:"废也。"与"堕"同义连言。简文"弋"字,传世本对应之处作"诫"。此字按照楚简的用字习惯应读为"代"。代其上,就是造反的意思,与"殆于乱矣"正可相合。

② 干,干扰、侵犯。传世本无"韦"字,整理报告读为"违",认为传世本脱漏。夏含夷(2016)指出"韦"字在此处与上下文不谐,乃是简本的衍文,可从。

③ 此句传世本作"极祸则民鬼,民鬼则淫祭,淫祭则罢家"。据传世本"淫祭则罢家"句,知简文漏一"则"字。罢,疲惫。唐大沛解此句云:"祸以惩恶,若降祸过多,则民思免祸,求媚于鬼神。巫祝祈祷之事盛行曰淫祭。弊其财以冀无祸,其家必至罢惫。"实际上,"鬼"应当是"畏"的通假字。

④ 简文"丩"字,整理报告疑为"只"字,读为"枳"(zhǐ),训为"害"。或以为"只"字可读为"忮"(zhì),似乎更合文义。《庄子·天下》:"不忮于众。"郭象注:"逆也。"传世本对应之字作"叛",与"忮"同义。简文"罚"字从网刂声,为疑母月部字,与传世本之"义"字为双声对转。

⑤ 贾其上,即算计君上,是对臣民赏赐过多带来的后果。

⑥ 复,《左传·昭公六年》杜预注:"报也。"

凡厥六者,政之所殆①。天故昭命以命之曰②:"大命世罚,小命命身③。"福莫大于行④,祸莫大于淫祭,耻莫大于【一〇】伤人,赏莫大于让,罚莫大于多诈。是故明王奉此六者,以牧万民,民用不失。抚之以惠⑤,和之以均,敛之以哀⑥,娱之以乐,【一一】训之以礼⑦,教之以艺,正之以政⑧,动之以事,劝之以赏,畏之以罚,临之以中⑨,行之以权。

① 简文"訋"字，在楚简中可读为"殆"，亦可读为"始"。传世本此处作"始"，旧注已指出当改为"殆"。"凡厥六者，政之所殆"，是说上述六种逾越极限的情况是政事危亡的原因。此段所着重强调的，即是合理把握尺度、极限对于牧治万民的重要性。

② 简文"天"字，传世本作"明王"，此处昭命的内容可与开篇的"大命有常，小命日成"相呼应，主语当以简本作"天"为是。简文"力"字，疑为"之"字之误，传世本即作"之"。

③ 简文"小命"的"命"字下有一重文符号，孟跃龙（2016）认为指示的是上文的"罚"字在此处重读，如此一来，此句便可与传世本"大命世罚，小命罚身"对应。

④ 行，《左传·昭公二十五年》杜预注："人所履行。"传世本在"行"下有一"义"字，语义更为完整。

⑤ 简文"秄"字从亡声，读为传世本对应的"抚"。简本"季"与传世本的"惠"均为质部字，是音近通假的关系。

⑥ 简文"韜"字，读为传世本对应的"敛"，《礼记·丧服大记》郑玄注："棺之入坎为敛。"

⑦ 训之以礼，即以礼训导之。传世本作"慎之以礼"，文义不如简本显豁。

⑧ 正，《左传·襄公二十六年》杜预注："正曲直也。"传世本此处作"震"，当是误字，"震"字在此篇中乃是与"事"相搭配。

⑨ 简文"霝"字，据传世本应读为"临"。临，《论语·为政》："临之以庄则敬。"邢昺疏："自上莅下曰临。"在这里有规范、指导的意思。中，中正。

权不法①，中不忠②，罚[不服]，[赏]【一二】不从劳③，事不理④，政不成，艺不淫⑤，礼有时，乐不申⑥，哀不至，均不一，惠必刃人⑦。凡此，勿厥权之属也⑧，惠而不刃人，人不胜【一三】[害，害]不知死⑨。

① 权不法，类似的表述见《逸周书·宝典》："以法从权，安上无慝。"又《大开武》："淫权破故，故不法，官民乃无法。"出处与上文"行之以权"的"权"皆指"权衡""权变"。权不法，即弄权而不守法。
② 简文"中不忠"，传世本作"忠不忠"，当以简本为是。
③ 第十二简所缺损之字，当据传世本补为"不服，赏"。
④ 简文"䪘"字，程浩（2015）读为"理"，与传世本的"震"同义换用。
⑤ 淫，淫巧。艺不淫，是说技艺不够巧妙。
⑥ 简文"繡"字，楚简中常读为"申"。传世本与之对应的字作"满"。
⑦ 合文"刌"，应读为"刃人"，传世本与之对应的"忍"，亦是"刃"的通假字。刃有残害之义。惠必刃人，是说如果有上述不好的情况发生，恩惠反而残害了人民。下文将"惠而不刃人"与"人不胜害"连言，说明"刃"确是用作与"害"相近的意义。此处列举的一系列不当的施政措施，造成的后果就是"惠必刃人"。传世本作"不忍人"，唐大沛认为此处之"不"为衍文，据简文，"不"实为"必"字之误。
⑧ 简文"勿"字，否定副词。整理报告据传世本读为"物"。简文"岗"字，读为"权"。传世本作"攘"，前人已指出是"权"字之讹。属，托付。勿厥权之属也，是说不要把权力赋予这种人。
⑨ 简文残缺之处可据传世本补为"害，害"。

均一不和，哀至则匮，乐申则荒，礼[无时]则不贵①，艺淫则害于才,政成则不长,事理则不功。以赏从劳,劳而不至;以【一四】[罚从]服②,服而不戴③。以中从忠则赏,赏不必中;以权从法则不行④,行不必法⑤。法以知权,权以知微,微以知始,始以知终。【一五】

① 简文所缺损之字,据传世本当补为"无时"。
② 简文所缺损之字,整理者补为"罚从"。
③ 简文"鈘"字,整理者疑读为"耻",然篇中屡见"耻"字,均是写作"伓"的。颇疑此字应读为"戴","戴"从"𢦏"(zāi)声,"𢦏"声字与"才"声字常可通假。《国语·周语上》:"庶民不忍,欣戴武王。"韦昭注:"戴,奉也。"句谓以刑罚使人服从,即便表面服从但不会真心拥戴。
④ 此处的"不"字,从传世本以及上下文来看或是衍文。
⑤ 此段的核心思想在于行事不可过于追求极致,否则过犹不及,即前文所说的"正人莫如有极,道天莫如无极"。

白话译文

上天降生人民并作出由人王代天牧民的大命,命使司德以祸福来匡正下民的行为,设立贤明的君王并训诫他,说:"大命是恒久不变的,小命则为日渐形成。"由于小命为日渐形成,就必须加以敬畏;由于大命恒久不变,就会广大。既广大又敬畏天命,度就能达到极致。司德观察到了义举,就会赐给人福禄,福禄在人之身,人一般会轻浮傲慢,如果能够做到不轻慢而恪守道义,度就能达到极致。如果司德观察到不义之举，就会给人降祸，祸患和过错在人之身，人怎么会没有惩戒呢？如果接受了惩戒且悔过自新，度就能达到极致。人民生来对羞耻并不明悉，在上的明王使之明白什么是羞耻，怎么会无羞耻之心呢？如果有羞耻之心并能够恒久执行，度就能达到极致。人生来而乐于生养，在上的明王养育人民，怎么会不去劝导呢？如果用忠信去劝导人民，度就能达到极致。人生来而怨痛死亡，在上的明王以死亡威慑人民，怎么会不恐惧呢？如果因为恐惧而能承用教化，度就能达到极致。

六极既已达成，九奸悉数泯灭。通达的道义讲述天常以匡正人身，匡正人身没什么比得上有极，讲述天常没什么比得上无极。讲述天常如果有极就不能使人畏惧，不畏惧就无法昭明；匡正人身如果无极就不能使人信服，不信服就无法施行。贤明的君王昭明于天、取信于人来度量功德，致功于地以利于人民，使信服之人畏惧天常，就能达到极致。

天道包含三种概念，人道也包含三种概念。天道有命，有福，有祸。人道有耻，有巿冕，有斧钺。以人道的耻对应天道的命，以人道的巿冕对应天道的福，以人道的斧钺对应天道的祸。六种概念实为三种事物，它们的极限都是统一的，如果不知道，就无法施行。

超过极限的命就会使人民堕怠、困乏，于是就会违背天命来取代他们的君上，最终导致祸乱。超过极限的福就会使人民安于受禄，人民安于受禄就会干扰善举，干扰善举就会导致无法施行。超过极限的祸就会使人民过于畏惧，人民过于畏惧就会过度祭祀，过度祭祀就会导致家财虚耗。超过极限的耻就会使人民违逆，人民违逆就会伤害别人，伤害别人就会不合道义。超过极限的赏赐就会使人民习惯算计君上，习惯算计君上就会不顾礼让，不顾礼让就会导致诸事不顺。超过极限的惩罚就会使人民多行欺诈，多行欺诈就会不忠诚，不忠诚就会导致对君上没有回报。

上述六种情况，乃是政事危亡的原因。天因此以明确的指令来命令明王说:"违反大命者世代受罚,违反小命者惩罚本身。"没有比施行善举更大的福,没有比过度祭祀更大的祸,没有比伤害别人更大的耻,没有比谦逊礼让更大的赏赐,没有比多行欺诈更大的惩罚。因此贤明的君王奉行这六项原则,来治理天下万民,人民因此不会有过失。要以恩惠进行安抚,以均平进行调和,以哀恸进行殓葬,以音乐进行娱乐,以礼法进行训导,以技艺进行教化,以政治进行匡正,以事务进行动员,以赏赐进行劝勉,以刑罚进行威慑,以中正进行规范,以权威进行推动。

如果弄权而不守法,中正而不忠信,刑罚不使人信服,赏赐不能使人劳作,事务不被治理,政令不能达成,技艺不够巧妙,献礼只按时令,音乐得不到申发,哀恸未达到极致,分配不能均一,恩惠反而会残害人民。凡是有这类情况,不要把权力赋予这种人,施恩但不要残害人民,因为人无法战胜残害,被残害了也不知道会致死。

平均一致会导致不和谐,极度的哀恸会导致困乏,过度申发音乐会导致荒怠,献礼不遵循时令会显得不高贵,技艺追求淫巧就会妨害才情,政令已经达成就不会再去努力,事务已经理顺就不会再去用功。用赏赐来驱使劳动,虽有劳动但不会尽力;用刑罚来强迫服从,虽然服从但不会拥戴。用中正来展现忠诚就要赏赐,但赏赐不必要过于中正;用权衡来执法就可施行,但施行的时候没必要过于教条。法度用来知晓权力,权力用来知晓微末,微末用来知晓初始,初始用来知晓终局。

原简释文

[天]生民而成大命=(命,命)司慝(德)正以褱(祸)福,立明王

以悘（訓）之，曰："大命又（有）掌（常），少（小）命日=成=（日成。"日成）則敬，又（有）尚（常）則窒=（廣，廣）以敬命，則厇（度）【一】[至于]亟（極）。夫司惪（德）司（伺）義，而易（賜）之福=（福，福）彔（祿）才（在）人=（人，人）能居（倨），女（如）不居（倨）而圣（守）義，則厇（度）至于亟（極）。或司（伺）不義而墜（降）之褞=（禍，禍）䙷（過）才（在）人=（人，人）【二】[能]母（毋）謹（懲）䣁（乎）？女（如）謹（懲）而悳（悔）䙷（過），則厇（度）至于亟（極）。夫民生而佴（恥）不明，圥（上）以明之，能亡（無）佴（恥）䣁（乎）？女（如）又（有）佴（恥）而亙（恒）行，則厇（度）至于【三】亟（極）。夫民生而樂生毇（穀），上以毇（穀）之，能母（毋）懽（勸）䣁（乎）？女（如）懽（勸）以忠訐（信），則厇（度）至于亟（極）。夫民生而痌（痛）死喪，上以槑（畏）之，能母（毋）忎（恐）【四】䣁（乎）？女（如）忎（恐）而承孥（教），則厇（度）至于亟（極）。

六亟（極）既達，九迁（奸）具（俱）寒（塞）。達道=（道道）天以正=人=（正人，正人）莫女（如）又（有）亟（極），道天莫女（如）亡（無）亟（極）。道天又（有）亟（極）則不=槑=（不畏，不畏）【五】則不卲（昭），正人亡（無）亟（極）則不=啈=（不信，不信）則不行。夫明王卲（昭）天訐（信）人以厇（度）攻=（功，功）墬（地）以利之，事（使）身=（信人）槑（畏）天，則厇（度）至于亟（極）。

夫天道三，【六】人道三。天又（有）命，又（有）福，又（有）褞（禍）。人又（有）佴（恥），又（有）帀冒（冕），又（有）鈙（斧）戉（鉞）。以人之佴（恥）尚（當）天之命，以亓（其）帀冒（冕）尚（當）天之福，以亓（其）斧戉（鉞）尚（當）天之褞（禍）。[六]【七】方三述（物），亓（其）亟（極）鼠-（一），弗智（知）則不行。

亟（極）命則民陵（墮）乏，乃窒（曠）命以弋（代）亓（其）上，佁（殆）於蹈（亂）矣。亟（極）福則民=彔=（民祿，民祿）迁=善=（干善,干善)韋(違)則不行。亟(極)褙(禍)【八】則民=(民畏,民畏)則逞=祭=(淫祭,淫祭)皮(罷)豪(家)。亟(極)佴(恥)則民=䀠=(民䀠,民䀠)則瘍=人=(傷人,傷人)則不罰(義)。亟(極)賞則民賈=亓=上=(賈其上,賈其上)則亡=壤=(無讓,無讓)則不川(順)。亟(極)罰則民多=虐=(多詐,多詐)則【九】不=忠=(不忠,不忠)則亡(無)逯(復)。

凡毕(厥)六者,正(政)之所𠂤(殆)。天古(故)卲(昭)命以命力<之>曰:"大命殊(世)罰,少(小)命=(命命)身。"福莫大於行,褙(禍)莫大於逞(淫)祭,佴(恥)莫大於【一〇】瘍(傷)人,賞莫大於壤(讓),罰莫大於多虐(詐)。是古(故)明王奉此六者,以牧蓳(萬)民=(民,民)甬(用)不遴(失)。秜(撫)之以季(惠),和之以均,鞄(斂)之以哀,吳(娛)之以樂,【一一】俈(訓)之以豊(禮),教之以敔(藝),正之以政,童(動)之以事,懂(勸)之以賞,喿(畏)之以罰,靈<臨>之以中,行之以耑=(權。

權)不墉(法),中不忠,罰[不服],[賞]【一二】不從裘(勞),事不䚈(理),正(政)不成,敔(藝)不逞(淫),豊(禮)又(有)旹(時),樂不繡(申),哀不至,均不鼠(一),季(惠)必仞=(刃人)。凡此,勿毕(厥)耑(權)之櫩(屬)也,季(惠)而不仞=(刃人),人不充(勝)【一三】[害,害]不智(知)死。

均一不和,哀至則貴(匱),樂繡(申)則亡(荒),豊(禮)[無時]則不貴,敔(藝)逞(淫)則割(害)於材(才),正(政)成則不長,事䚈(理)則不攻(功)。以賞從裘=(勞,勞)而不至;以【一四】[罰從]備=(服,服)而不釱(戴)。以中從忠則尚=(賞,賞)不北(必)中;以耑(權)從墉(法)則不行=(行,行)不必墉=(法。法)以智(知)耑=(權,權)以智(知)敨=(微,微)以智(知)𠂤=(始,始)以智(知)夂(終)。【一五】

一【一背】　二【二背】　三【三背】　〔四〕【四背】　五【五背】 六【六背】　七【七背】　八【八背】　九【九背】　十【一〇背】　十一【一一背】　十二【一二背】　十三【一三背】　〔十〕四【一四背】

传世文本资料

　　天生民而成大命，命司德，正之以祸福，立明王以顺之，曰：大命有常，小命日成。成则敬，有常则广。广以敬命，则度至于极。
　　夫司德司义，而赐之福禄。福禄在人，能无惩乎？若惩而悔过，则度至于极。
　　夫或司不义，而降之祸。在人，能无惩乎？若惩而悔过，则度至于极。
　　夫民生而丑不明，无以明之，能无丑乎？若有丑而竞行不丑，则度至于极。
　　夫民生而乐生，无以榖之，能无劝乎？若劝之以忠，则度至于极。
　　夫民生而恶死，无以畏之，能无恐乎？若恐而承教，则度至于极。
　　六极既通，六间具塞，通道通天以正人。正人莫如有极，道天莫如无极。道天有极则不威，不威则不昭；正人无极则不信，不信则不行。明王昭天信人以度，功地以利之，使信人畏天，则度至于极。
　　夫天道三，人道三。天有命，有祸，有福。人有丑，有绋絻，有斧钺。以人之丑当天之命，以绋絻当天之福，以斧钺当天之祸。六方三述，其极一也，不知则不存。
　　极命则民堕，民堕则旷命；旷命以诫其上，则殆于乱。极福则民禄，民禄则干善，干善则不行。极祸则民鬼，民鬼则淫祭，淫祭则罢家。极丑则民叛，民叛则伤人，伤人则不义。极赏则民贾其上，贾其上则民无让，无让则不顺。极罚则民多诈，多诈则不忠，不忠则无报。凡此六者，政之始也。明王是故昭命以命之，曰：大命世罚，小命罚身。福莫大于行义，祸莫大于淫祭，丑莫大于伤人，赏莫大于信义，让莫大于贾上，罚莫大于贪诈。古之明王奉此六者，以牧万民，民用而不失。

抚之以惠，和之以均，敛之以哀，娱之以乐，慎之以礼，教之以艺，震之以政，动之以事，劝之以赏，畏之以罚，临之以忠，行之以权。权不法，忠不忠，罚不服，赏不从劳，事不震，政不成，艺不淫，礼有时，乐不满，哀不至，均不壹，惠不忍人。凡此，物攘之属也。

惠不忍人，人不胜害，害不如死。均一则不和，哀至则匮，乐满则荒，礼无时则不贵，艺淫则害于才，政成则不长，事震则寡功。以赏从劳，劳而不至；以法从中则赏，赏不必中；以权从法则行，行不必以知权。权以知微，微以知始，始以知终。

（《逸周书·命训》）

参考文献

蔡一峰（2016）：《读清华简〈命训〉札记三则》，《简帛》第十三辑，上海古籍出版社，2016年。

程浩（2015）：《释清华简〈命训〉中对应今本"震"之字——兼谈〈归藏〉〈筮法〉的"震"卦卦名》，《出土文献》第六辑，中西书局，2015年。

冯胜君（2018）：《清华简〈命训〉释读掇琐（四则）》，《出土文献研究》第十七辑，中西书局，2018年。

黄甜甜（2016）：《由清华简三篇论〈逸周书〉在后世的改动》，《中华文史论丛》2016年第2期。

刘国忠（2015）：《清华简〈命训〉初探》，《深圳大学学报（人文社会科学版）》2015年第3期。

刘国忠（2016）：《清华简〈命训〉中的命论补正》，《中国史研究》2016年第1期。

孟跃龙（2016）：《清华简〈命训〉"少命₌身"的读法——兼论古代抄本文献中重文符号的特殊用法》，《简帛》第十三辑，上海古籍出版社，2016年。

清华大学出土文献读书会（清华读书会2015）：《清华简第五册整理报告补正》，清华大学出土文献研究与保护中心网站，2015年4月8日。

夏含夷（2016）：《清华五〈命训〉简传本异文考》，《古文字研究》第三十一辑，中华书局，2016年。

杨一波（2020）：《清华简所见〈逸周书〉四篇研究》，清华大学博士学位论文，2020年。

张海波（2019）：《〈逸周书〉"三训"成书年代考辨》，《史志学刊》2019年第3期。

程 寤

解 题

《程寤》是清华简中最早整理公布的篇目之一,该篇由刘国忠负责整理,图版与释文注释均收入《清华大学藏战国竹简(壹)》中。

全篇共有九支竹简,简长45厘米,三道编,保存情况完好。竹书原无篇题,现题为整理者依据传世文献对《逸周书·程寤》的引文拟定。全篇亦无次序编号,因而原整理报告根据文义编定的简序尚有调整余地。

《程寤》在传世本《逸周书》中仅存篇目,原文则久已亡佚。《潜夫论》《博物志》《艺文类聚》《太平御览》《册府元龟》等传世文献曾引有《程寤》的若干文句,将其与本篇简文的内容相对照,可知本篇简文即长期失传的《程寤》篇。该篇的重新发现,对于理解《逸周书》的编纂与流传均有重要价值。

清华简《程寤》记载的是商末周初之际,由太姒之梦引发的周人受天之命的故事。虽然有不少学者认为该篇文辞浅白,最终作成已经到了春秋之时,但其主体部分的材料来源应该还是比较早的。据简文所言,周文王在实施了一系列祓除活动后,携小子发"并拜吉梦",从天帝处接受了原属商人的大命。之后文王告诫小子发要团结贤良、远离奸佞,并时刻对商人进行戒备。借由此篇,可以重新审视天命的内涵、商周两族的关系、周人伐商的过程等一系列重要的古史问题。

简文校释

惟王元祀正月既生魄①,太姒梦见商廷惟棘②,乃小子发取周廷梓树于厥间③,化为松柏棫柞④。【一】寤惊,告王。王弗敢占,诏太子发,俾灵名凫祓⑤,祝祈祓王,巫率祓太姒,宗丁祓太子发。币告【二】宗祊社稷⑥,祈于六末山川⑦,攻于商神,望,烝⑧,占于明堂。王及太子发并拜吉梦,受商命【三】于皇上帝。

① 惟王元祀,当指周文王元年。《史记·周本纪》载:"诗人道西伯,盖受命之年称王。"而《程寤》所叙的文王与太子发拜太姒吉梦,应即周人所称的"文王受命"之事。周文王于这一年受命称王,见载于《尚书·酒诰》:"惟天降命,肇我民,惟元祀。"因而《程寤》云此事的时间背景为"惟王元祀"。既生魄是一种月相,具体指一个月的某一天还是某一时间段,学界尚有争议。

② 太姒(sì),为周文王元妃、周武王之母。《诗经·大雅·大明》:"文王嘉止,大邦有子。大邦有子,俔天之妹。文定厥祥,亲迎于渭。造舟为梁,不显其光。"记述的就是周文王与太姒的婚姻。商廷惟棘,是说商王庭之内遍布荆棘,类似的记载还见于《逸周书·大开武》的"天降寤于程,程降因于商。商今生葛,葛右有周"以及《墨子·非

③ 乃，训为"于是"。小子发，即周文王与太姒之子，名发，即周武王。梓，是一种上等乔木。《尚书·梓材》孔颖达疏："梓，木名，木之善者。"厥间，指商廷荆棘之间。荆棘在古代文献中一般都代表着负面的涵义。

④ 化，变化，指商廷的荆棘变化成松柏棫（yù）柞（zuò）。松柏棫柞，四种木名，在早期文献中常指代贤良之臣，是吉祥的征兆，如《诗经·大雅·皇矣》有"柞棫斯拔，松柏斯兑"，又《大雅·绵》有"柞棫拔矣，行道兑矣"。一说松柏为良木，而棫柞为恶木。

⑤ 灵名，与祝忻、巫率、宗丁等均为辅助祭祀的神职人员。简文"茓"字，原整理报告释为"凶"，今从孟蓬生（复旦读书会2011b）读为"总"。俾灵名总祓（fú），意为命使灵名总领祓除之祭。

⑥ 币告，《周礼·春官·男巫》郑玄注："但用币致其神。"孙诒让《周礼正义》："但用币，则无牲及粢盛也。"宗祊（bēng），《国语·周语中》韦昭注："庙门谓之祊。宗祊，犹宗庙也。"社稷，土地神，是古人祭祀的主要神灵。

⑦ 六末，原整理报告指为"天地四方"。有学者将其读为《左传·昭公七年》之"六物"，即"岁、时、日、月、星、辰"；或以为"六末"为"六宗"之误，可与《尚书·舜典》的"禋于六宗，望于山川"相联系。

⑧ 攻，《周礼·春官·大祝》"六祈"之一，郑玄注："攻、说，则以辞责之。"《论衡·顺鼓》："攻者，责也，责让之也。"攻于商神，就是攻解商人之神的灾祟。望，祭名。《淮南子·人间》许慎注："望，祭日月星辰山川也。"烝，是冬天的祭祀。《诗经·小雅·天保》毛传："冬曰烝。"

兴，曰①："发！汝敬听吉梦：朋棘仇梓，松柏副，棫包柞作，化为膴②。呜呼！何敬非朋③？何戒非【四】商？何用非树？树因欲，不违材。如天降疾，旨味既用，不可药，时不远④。"

① 兴，意为起。其后"曰"字的发语者为周文王。
② 此句是对吉梦的解释，颇难理解，整理报告怀疑原简之重文符号有错乱。综合各家意见，"梓松"下重文符号可理解为误加。朋棘，指商廷朋比而生（丛生）的荆棘。简文"戗"字，从宋华强（2011）读为"仇匹"之"仇"（qiú）。"橐"（pāo）读为"包"，与"副"均有生育分娩之义。袁莹（2011）把"柞"后符号理解为合文，读为"柞作"，可从。膴（huò），本指修饰宫室的颜料，常用于涂抹木材，此处比喻朋棘转化为有用之材。《尚书·梓材》："若作梓材，既勤朴斫，惟其涂丹膴。"孔传："为政之术，如梓人治材为器，已劳力朴治斫削，惟其当涂以漆丹以朱而后成，以言教化亦须礼义然后治。"准此，则"朋棘仇梓，松柏副，棫包柞作，化为膴"，大意是说："丛生的荆棘与梓树仇匹为伍，便可繁衍化生为松、柏、棫、柞等可用之材。"此句是向小子发具体解释太姒所梦"小子发取周廷梓树于厥间，化为松柏棫柞"的象征意义。
③ 此类句式亦见《尚书·吕刑》"何择非人，何敬非刑，何度非及"，"何A非B"均可直接理解为"何不AB"。简文"敬"字，原整理报告破读为"警"，似不必然。何敬非朋，即"何不敬朋"，乃是对上文"朋棘仇梓"之喻的阐发，强调安定和争取、团结中间分子的作用。
④ 旨味，即美味。生病后食用佳肴被视为违背自然规律的行为，故而会导致无可救药、死期不远。此喻乃是呼应上文"树因欲，不违材"之说。

惟商戚在周，周戚在商①。【五】择用周，果拜不忍②，绥用多福。惟梓敝不义，芃于商，俾行量无乏③。明明在上，虽容纳棘，抑【七】欲惟柏梦④。徒庶言：'肆，矧有物无秋，明武威，如棫柞无根⑤。'呜呼，敬哉！朕闻周长不贰，务【六】亡勿用，不慭，使卑柔和顺，生民不灾，怀允⑥。

① 戚，忧也。这句话大意是商周互为心腹之患。从文意以及简背的刻划线等信息来看，此下简序应作调整（见复旦读书会2011a），学者普遍认可将简七移置于简六之前。

② 果，《礼记·内则》郑玄注："决也。"拜，义如《诗经·召南·甘棠》"勿翦勿拜"之"拜"，郑玄笺："拜之言拔也。"

③ 敝，《左传·僖公十年》杜预注："败也。"此处读为"蔽"，训"遮蔽"。芃（péng），《诗经·大雅·棫朴》"芃芃棫朴"毛传："木盛貌。"此句大意是说由于梓树遮蔽不义之荆棘，在商廷蓬勃生长，使得所行之处无有困乏。

④ 简文"向"字通"尚"，即"上"。简文"容"字前之"隹"字，当从单育辰（2011）读为"虽"。简文"意"字，原整理报告由于编联的问题误读为"億"，今据学界共识改读为"抑"，有"但是"的意思。"明明在上，虽容纳棘，抑欲惟柏梦"，是说天上的神明虽然可以包容接纳荆棘，但仍以托梦的形式表达将其化为松柏的意愿。此句与"惟梓敝不义，芃于商"等，均是借太姒之梦以昭示上天已改商之命于周。

⑤ 徒庶，即民众。简文"迖"字，原整理报告未释，今从张崇礼（见复旦读书会2011b）读为"肆"，"肆"可作为句首语助词。简文"引"字，读为"矧"（shěn），可训"况""又"。物，意为物产。秋，有收获之义。此句为文王引用的民谚，大意是以作物收获为喻，来说明一味追求武威而没有群众基础便会如无根的棫柞一样不堪一击。

⑥ 惎（jì），《说文》："毒也。"意为恶毒。灾，《尔雅·释诂》："危也。"怀，《说文》："念思也。"允，《尔雅·释诂》："信也。"

　　呜呼！何监非时？何务非和？何襄非文？何【八】保非道？何爱非身？何力非人①？人谋强，不可以藏后。戒后人用汝谋，爱日不足。②"【九】

① 简文"禄"字，可读为"褱"（huái），《说文》："藏也。"力，即役使。《荀子·富国》"守时力民"杨倞注："力民，使之疾力。"
② 原整理报告疑"戒"字之下脱一重文符号，恐非。《逸周书·大开》有类似文句，作"王拜儆我后人谋竞，不可以藏，戒后人其用汝谋，维宿不悉日不足"，而《酆保》亦有"戒后人其用汝谋"之说。颇疑《程寤》此句应断读为"人谋强，不可以藏后。戒后人用汝谋，爱日不足"，大意为："人要谋求强盛，就不可以潜藏在后。去戒训后人采用你的谋划，要珍惜时日之短。"

白话译文

　　在周文王元年正月既生魄这一天，太姒梦见商王庭遍布荆棘，于是小子发就取用了周廷的梓树种在商王庭的荆棘之间，荆棘化生为松、柏、棫、柞。太姒由梦中惊醒，把这个梦告诉了文王。文王不敢轻易占问，就召来太子发，并命使灵名总领袯祭，祝忻为文王袯除，巫率为太姒袯除，宗丁为太子发袯除。以币帛为祭品祷告宗庙和社稷，并向六末山川祈福，又攻解了商人之神，举行了望、烝之祭，才在明堂进行了占卜。文王和太子发一同祭拜了吉梦，从皇天上帝那里接受了原本属于商的天命。

文王站起来，说："小子发！你要恭敬地听取吉梦的指示：丛生的荆棘与梓树仇匹为伍，便可繁衍化生为松、柏、棫、柞等可用之材。呜呼！何不敬爱可团结之人？何不警戒与我们为敌的殷商？何不像树木一样任用人才？树木要因循主观需求和客观规律，才能不违背它的材质。就像上天向一个人降下了疾病，他反而去享用美味佳肴，就会导致无可救药，离死期不远了。

商人的忧患在于周，周人的忧患在于商。上天既然选择了周来膺受天命，我们就要果决地拔除不忍之心，使人民安享福祉。由于梓树遮蔽了不义之荆棘，在商廷大行其道，才能使得所行之处无有困乏。天上的神明虽然可以包容接纳荆棘，但仍以托梦的形式表达将其化为松柏的意愿。有民众说：'啊，何况作物未经收获，一味追求武威而没有群众基础，就如无根的棫柞一样不堪一击。'呜呼，要恭敬啊！我听闻周有不贰之德，招致败亡的事情不要做，不作恶，使人民谦卑和顺，就不会遭受灾祸，这是可以信从的话。

呜呼！何不鉴察天时？何不追求和谐？何不怀藏文德？何不保有道义？何不爱惜躬身？何不役使人民？人要谋求强盛，就不可以潜藏在后。去戒训后人采用你的谋划，要珍惜时日之短。"

原简释文

隹（惟）王元祀贞（正）月既生朙（魄），大（太）姒夢見商廷隹

（惟）楙（棘），廼孚=（小子）豐（發）取周廷杍（梓）桓（樹）于氒（厥）閒（間），叕=（化爲）松柏棫柞。【一】慭（寤）敬（驚），告王=（王。王）弗敢占，聖（詔）大（太）子發，卑（俾）霝（靈）名鶁（總）敀（被），祝忻敀（被）王，晉（巫）銜（率）敀（被）大（太）姒，宗丁敀（被）大（太）子發。敀（幣）告【二】宗方（祊）圶（社）禝（稷），忎（祈）于六末山川，攻于商神，賹（望），承（烝），占于明堂。王及大（太）子發並拜吉夢，受商命【三】于皇帝=（上帝）。

興，曰："發！女（汝）敬聖（聽）吉夢：朋楙（棘）戠（仇）杍=，松=柏副，棫囊（包）柞=（柞作），叕=（化爲）䑎。於（嗚）唐（呼）！可（何）敬非朋？可（何）戒非【四】商？可（何）甬（用）非桓=（樹？樹）因欲，不違芛（材）。女（如）天隆（降）疾，旨味既甬（用），不可藥，時（時）不遠。

佳（惟）商慼才（在）周=（周，周）慼才（在）商。【五】睪（擇）用周，果拜不忍，妥（綏）用多福。佳（惟）杍（梓）敀不義，迯（芚）于商，卑（俾）行量亡（無）乏。明=（明明）才（在）向（尚），佳（雖）容内（納）楙（棘），意（抑）【七】欲佳（惟）柏夢。徒庶言：'迻（肆），引（矧）又（有）勿（物）亡（無）秌（秋），明武禕（威），女（如）棫柞亡（無）堇（根）。'於（嗚）唐（呼），敬才（哉）！朕䎽（聞）周長不弎（貳），叐（務）【六】亡勿甬（用），不惄（惎），思（使）卑脜（柔）和川（順），眚（生）民不芛（災），裹（懷）允。

於（嗚）唐（呼）！可（何）監非旹（時）？可（何）叐（務）非和？可（何）禕（褢）非玟（文）？可（何）【八】保非道？可（何）惡（愛）非身？可（何）力非人=（人？人）思（謀）疆（強），不可以窳（藏）遙=戒（後。戒後）人甬（用）女（汝）母（謀），惡（愛）日不訣（足）。"【九】

传世文本资料

是故太姒有吉梦,文王不敢康吉,祀于群神,然后占于明堂,并拜吉梦。修省戒惧,闻喜若忧,故能成吉以有天下。(《潜夫论》卷七)

大姒梦见商之庭产棘,乃小子发取周庭梓树,树之于阙间,梓化为松柏棫柞。觉惊,以告文王。文王曰:慎勿言。(《博物志》卷八)

《周书》称:文王在程,作《程寤》《程典》。(《诗经·大雅·皇矣》正义)

《周书》曰:大姒梦见商之庭产棘,太子发取周庭之梓树于阙,梓化为松柏棫柞。寐觉,以告文王。文王乃召太子发,占之于明堂。王及太子发并拜吉梦,受商之大命于皇天上帝。(《艺文类聚》卷七十九)

周太姒梦周梓化为松。(《艺文类聚》卷八十八)

《帝王世纪》曰:文王昌龙颜虎肩,身长十尺,胸有四乳,晏朝不食,以延四方之士。文王合六州之诸侯以朝纣,纣以崇侯之谮而怒,诸侯请送文王,弃于程。十年正月,文王自商至程。太姒梦见商庭生棘,太子发取周庭之梓树之于阙间,梓化为松柏柞棫。觉而惊,以告文王。文王不敢占,召太子发,命祝以币告于宗庙群神,然后占之于明堂。及发并拜吉梦,遂作《程寤》。(《太平御览》卷八十四)

《周书》曰:文王去商在程。正月既生魄,大姒梦见商之庭产棘,小子发取周庭之梓树乎阙间,梓化为松柏棫柞。寤惊,以告文王。王及太子发并拜吉梦,受商之大命于皇天上帝。(《太平御览》卷三百九十七)

又《程寤》曰:文王在翟,太姒梦见商之庭产棘,小子发取周庭之

梓树于阙间，化为松柏械柞。惊，以告文王。文曰召发于明堂，拜告梦受商之大命。（《太平御览》卷五百三十三）

周文王父季历之十年，飞龙盈于殷之牧野，此盖圣人在下位将起之符也。及为西伯，作邑于丰。文王之妃曰大姒，梦商庭生棘，太子发植梓树于阙间，化为松柏柞械，以告文王。文王币告群臣，与发并拜吉梦。（《册府元龟》卷二十一）

周文王去商在程。正月既生魄，太姒梦见商之庭产棘，小子发取周庭之梓树于门间，梓化为松柏械柞。寤惊，以告文王。文王及太子发并拜吉梦，受商之大命于皇天上帝。（《册府元龟》卷八百九十二）

参考文献

晁福林（2016）：《从清华简〈程寤〉篇看"文王受命"问题》，《北京师范大学学报（社会科学版）》2016年第5期。

陈颖飞（2013）：《清华简〈程寤〉与文王受命》，《清华大学学报（哲学社会科学版）》2013年第2期。

复旦大学出土文献与古文字研究中心研究生读书会（复旦读书会2011a）：《清华简〈程寤〉简序调整一则》，复旦大学出土文献与古文字研究中心网站，2011年1月5日。

复旦大学出土文献与古文字研究中心研究生读书会（复旦读书会2011b）：《清华简〈尹至〉〈尹诰〉研读札记（附：〈尹至〉〈尹诰〉〈程寤〉释文）》，复旦大学出土文献与古文字研究中心网站，2011年1月5日。

李学勤（2011）：《〈程寤〉〈保训〉"日不足"等语的读释》，《清华大学学报（哲学社会科学版）》2011年第2期。

单育辰（2011）：《占毕随录之十三》，复旦大学出土文献与古文字研究中心网站，2011年1月8日。

宋华强（2011）：《清华简校读散札》，武汉大学简帛网，2011年1月10日。

夏含夷（2018）：《说杍：清华简〈程寤〉篇与最早的中国梦》，《出土文献》第十三辑，中西书局，2018年。

袁莹（2011）：《清华简〈程寤〉校读》，复旦大学出土文献与古文字研究中心网站，2011年1月11日。

皇 门

解 题

　　收入《清华大学藏战国竹简（壹）》的《皇门》篇，原由李均明负责整理。全篇共十三支简，简长44.5厘米，基本完好无损，仅第十简上端缺二字。该篇书写工整、字迹清晰，书法特征在清华简中较有代表性。简背亦有连续、完整的次序编号，说明该篇没有脱简或编联方面的问题。

　　该篇竹书原无篇题，由于内容与传世本《逸周书·皇门》大体相符，故整理报告将之定名为《皇门》。将两种《皇门》对读，可以校出传世本的许多讹误，对前人校勘成果的得失也多有验证。与此同时，古文字中一些长期悬而未决的疑难字，亦可从该篇中对读出来。

　　《皇门》的具体内容为周公对群臣的一次训诫。周公首先分析了当下的时局，对"蔑有耆耇虑事屏朕位"以及"莫开余嘉德之说"的现状深为感慨。接下来，他又以"二有国之哲王"与"后嗣立王"为例，从正反两方面论述了在上之君的行为对在下之臣的典范意义以及明刑对治国理政的重要作用。最后，周公又对宗室群臣提出了全心全意协助自己治政、与之同舟共济的要求。篇中的语言与思想，在周公所作的《尚书》诸篇中均可寻得端倪，尤其是其中所体现的周公的君臣观念，是十分值得玩味的。

简文校释

惟正[月]庚午①，公格在胡门②。公若曰："呜呼！朕寡邑小邦③，蔑有耆耇虑事屏朕位④。肆朕冲人非敢不用明刑⑤，惟莫开【一】余嘉德之说⑥。

① 惟正月庚午，"月"字简文原无，当从传世本增补。至于该篇训诰的纪年，简本与传世本均未具明文。今本《竹书纪年》载成王元年"庚午，周公诰诸侯于皇门"。但考虑到今本《竹书纪年》的性质，此说未必有确据。在《逸周书》中，《皇门》被编次于《作雒》与《大戒》之间，大体上与周公结束摄政、致政成王之时相合。另据《汉书·律历志》，"庚午"即成王即政元年正月的第二日。

② 公，传世本作"周公"，为该篇之作诰者。格，《尔雅·释诂》："至也。""胡"字原简作"耆"，从老、古声，读为胡。"胡门"见于西周作册吴盉，黄杰（2014）已有详细论证。传世本篇题写作"皇"，正文写作"闳"（hóng），与"胡"均是音近假借的关系。至于"皇门"对应的是西周"五门三朝"中的"库门"抑或"路门"，学界尚存争议，有待进一步讨论。此句传世本作"周公格左闳门会群门"，据简本可知"左"为"才（在）"字之讹。"会群门"三字王念孙曾疑为"会群臣"，乃涉上句"左闳门"而讹。简本无此三字。

③ 朕寡邑小邦，周人自谦之称，《尚书·大诰》有"兴我小邦周"，《多

④ 蔑，意为"无"，传世本对应之处作"克"，意义与之截然相左，据上下文可知当以简本为是。耆(qí)耇(gǒu)，传世本作"耇老"，均指年高德重之人。周人有敬老传统，常将长者作为咨政的对象。虑，《说文》："谋思也。""虑事"一词见于《荀子·大略》"先事虑事谓之接"以及《管子·形势》"明主之虑事也"。屏，即屏藩、拥护。毛公鼎有"屏王位"，清华简《摄命》有"汝能并（屏）命"，均为此意。

⑤ 肆，为句首语助词，无实意，此用法屡见《尚书》诸篇。冲人，简文作"酋人"，传世本作"沈人"，即《金縢》之"冲人"，是周人的自谦之称，意为童子、小子。

⑥ 莫，无定代词，指没有人。《论语·宪问》："子曰：'莫我知也夫！'"开，启。此句传世本作"维其开告于予嘉德之说"，"其"当为"莫"字之误。陈逢衡云："开告，启迪也。嘉德，美善之德。说，谓言说。"

今我譬小于大①，我闻昔在二有国之哲王则不恭于恤②，乃惟大门宗子迩臣③，懋扬嘉德④，迄有宝⑤，以【二】助厥辟，勤恤王邦王家。乃旁求选择元武圣夫⑥，羞于王所⑦。自厘臣至于有分私子⑧，苟克有谅⑨，无不遂达⑩，献言【三】在王所。是人斯助王恭明祀，敷明刑。王用有监，多宪政命⑪，用克和有成⑫。王用能承天之鲁命⑬，百姓万民用【四】无不扰比在王廷⑭。先王用有劝，以宾佑于上⑮。是人斯既助厥辟，勤劳王邦王家。先[人]神祇复式用休⑯，俾服【五】在厥家⑰。王邦用宁，小民用格，能稼穑⑱，咸祀天神⑲，戎兵以能兴，军用多实⑳。

王用能奄有四邻㉑，远土丕承㉒，子孙用【六】末被先王之耿光㉓。

① 譬，譬喻。今我譬小于大，意即我现在以小喻大。传世本"今"讹为"命"，"譬"写作"辟"，作"命我辟王小至于大"，遂致此句不可说解。

② 二有国，指夏、商两朝。哲王，聪慧贤能的君王。《尚书·康诰》："往敷求于殷先哲王，用保乂民。"《逸周书·商誓》："在商先誓（哲）王，明祀上帝。"简文"不共于卹"，原整理报告读为"不恐于恤"，今从孙飞燕（2011）读为"丕恭于恤"。

③ 大门，指贵族。大门宗子，即门子。《周礼·春官·小宗伯》："其正室皆谓之门子，掌其政令。"郑玄注："正室，适子也，将代父当门者也。"简文"埶"（yì）字，当读为"迩"（ěr），意思是"近"。迩臣，即亲近的大臣。传世本作"势臣"，最初所记录的词亦应是"迩臣"。

④ 懋，《说文》："勉也。"扬，发扬。此句传世本作"内不茂扬肃德"。

⑤ 迄，至于、达到。宝，可读为传世本所作之"孚"，训为"信"。

⑥ 简文"方"字，读为"旁"。旁，《说文》："溥也。"《广雅·释诂二》："广也。"《国语·楚语上》："如是而又使以梦象旁求四方之贤。"又："使以象旁求圣人。"选择，见《孟子·滕文公上》："选择而使子，子必勉之！"传世本作"论择"，与之意同。元武圣夫，意即英明神武之人。传世本作"元圣武夫"，庄述祖云"元，善；圣，通也。元圣可以为公卿，武夫可以为将帅者"，是将其区分为两类人。

⑦ 羞，《尔雅·释诂》："进也。"此句与传世本同，陈逢衡云："羞于王所，贡士之典也。"

⑧ 厘臣，治国理政之臣。有分私子，陈逢衡云："分，分土也。有分私子，谓有采邑之庶孽。"

⑨ 谅,《说文》:"信也。"此句传世本作"苟克有常"。

⑩ 原简释文所隶之"𩕳"字,陈剑(2013)认为应改隶为"𩕳",并将其读为"遂","遂"与"达"意近连言。

⑪ 宪,效法。《诗经·大雅·崧高》:"文武是宪。"政命,犹后世之政令。

⑫ 克,能。和,和合、和谐。《尚书·君奭》:"惟文王尚克修和我有夏。"

⑬ 鲁,训"嘉"。《史记·周本纪》"鲁天子之命",《鲁世家》作"嘉天子命"。传世本此句缺"王"字,也由于缺少主语而将此句接续上句而读。

⑭ 扰,《尚书·皋陶谟》孔传:"顺也。"比,《尔雅·释诂》:"俌(辅)也。"《诗经·大雅·皇矣》:"克顺克比。"此句传世本作"百姓兆民,用罔不茂在王庭","扰比"仅作"茂"。

⑮ 简文"藿"字,读为"观"。简文"瀕"字,读为"宾"。此句大意为先王观察后人的行径,在天庭作天帝宾客并对子孙进行福佑。传世本作"先用有劝,永有□于上下",缺讹较甚。

⑯ 或曰简文"先"字之下误脱合文符号,当读为"先人",传世本此处即作"先人神祇"。复,报答。《左传·定公四年》杜预注:"报也。"式,语助词。《诗经·邶风·式微》:"式微式微,胡不归?"郑玄笺:"式,发声也。"休,美。

⑰ 俾,使。服,《说文》:"用也。"《广雅·释诂二》:"任也。"此句传世本作"俾嗣在厥家",不如简本"服"字显豁。

⑱ 简文"叚"字,通"格"。《诗经·商颂·玄鸟》:"四海来假。"郑玄笺:"假,至也。"朱熹《诗集传》:"假,与'格'同。"稼穑,指农业生产。《尚书·无逸》:"厥父母勤劳稼穑,厥子乃不知稼穑之艰难。"

⑲ 咸,皆、同。整理报告释为"戍"的字,注中又举另说释作"戋"(jiǎn),另说可从。戋,楚简用作"巫咸"之"咸"。传世本即作"咸祀天神"。

⑳ 实，军实。《左传·隐公五年》杜预注："车徒、器械及所获也。"此句传世本作"戎兵克慎，军用克多"，出于修辞的需要对文本进行了改易。

㉑ 奄，覆盖、包括。《诗经·周颂·执竞》："奄有四方。"

㉒ 承，顺承。《诗经·大雅·抑》："万民靡不承。"

㉓ 末，终也。《尚书·立政》："我则末惟成德之彦，以乂我受民。"孔颖达疏："末，训为终。"耿光，见于《立政》与西周金文，意与传世本"灵光"同。

至于厥后嗣立王，乃弗肯用先王之明刑，乃维汲汲胥驱胥教于非彝①，以家相厥室，弗【七】恤王邦王家。维媮德用以问求于王臣②，弗畏不祥，不肯惠听无罪之辞③，乃惟不顺是治。我王访良言于是【八】人④，斯乃非休德以应，乃维诈诟以答⑤，俾王之无依无助。譬如农夫⑥，骄用从禽，其犹克有获⑦？是人斯乃谗贼【九】[媢嫉]⑧，以不利厥辟厥邦。譬如楛夫之有媢妻⑨，曰：'余独服在寝。'⑩以自落厥家。媢夫有迩无远，乃弇盖善【一〇】夫⑪，善夫莫达在王所。乃惟有奉痴夫⑫，是扬是绳，是以为上，是授司事师长⑬。政用迷乱⑭，狱用无成。小民用祷无用祀⑮，【一一】天用弗保。媢夫先受殄罚，邦亦不宁。

① 此句"乃维"后从上节省去了主语"大门宗子迩臣"，之后一直到"不顺是治"，讲的都是他们在后嗣王不用明刑的情况下，上行下效做出的恶行。汲汲，急切貌。胥，《尔雅·释诂》："相也。"驱，驱使。教，可读为"效"，效仿。非彝，非法。

② 婾（tōu），《说文》："巧黠也。"《左传·襄公三十年》杜预注："薄也。"维婾德用，当与"以问求于王臣"连读，谓以巧黠之行考察选用王臣。

③ 肯，传世本作"屑"。清人卢文弨云"'不屑'，疑'不肯'之讹"，已得其实。惠，《礼记·表记》郑玄注："犹善也。"

④ 从文意来看，简文"王"字前的"我"字盖衍文，传世本亦无此字。访，咨询。《尚书·洪范》："王访于箕子。"

⑤ 诟，《广韵·侯韵》训为"巧言"。诈诟，指欺诈。此句传世本作"维作诬以对"，"作"乃"诈"的误读，"诬"与"诟"、"对"与"答"皆同义换用。

⑥ 戎夫，读为"农夫"。传世本作"畋犬"，应由"农夫"讹变而来。

⑦ 从禽，指田猎。从，追逐。"譬如农夫，骄用从禽，其犹克有获"一句乃以"农夫"譬"王"，大意为：就好比农夫，不务稼穑而去追逐禽兽，怎么能够有收获？

⑧ 此处原简残缺二字，据传世本可补为"媢（mào）嫉"。媢嫉，同"冒疾"，指嫉妒。《礼记·大学》："人之有技，媢嫉以恶之。"

⑨ 梏（jué），《尔雅·释诂》："直也。"梏夫，犹今言堂堂正正大丈夫。媢妻，爱妒忌的妻子。传世本分别作"匹夫"与"婚妻"，皆是妄改。

⑩ 此句传世本作"曰予独服在寝"，丁宗洛《逸周书管笺》："独服在寝，言专妒也。"

⑪ 弇（yǎn）盖，掩盖、阻拦。传世本作"食盖"，清人王念孙已指出是误字。

⑫ 俟（sì）夫，传世本作"狂夫"，整理报告读为"疑夫"，复旦读书会（2011）则读为"痴夫"。从上文"善夫"被掩盖来看，此处应以与之相对的"痴夫"为好。

⑬ 无才无德之人被委以重任，类似的表述见于《尚书·牧誓》："乃惟

四方之多罪逋逃，是崇是长，是信是使，是以为大夫卿士。"
⑭ 迷乱，无序。《尚书·无逸》："无若殷王受之迷乱，酗于酒德哉！"
⑮ 祷，《说文》："告事求福也。"祀，祭祀。在本篇中"祷"与"祀"当有目的与程度之不同，前者侧重于具体诉求，而后者重在敬祀先祖诸神。此句传世本作"小民率穑，保用无用。寿亡以嗣"，多有讹误。

　　呜呼！敬哉，监于兹。朕遗父兄罼朕荩臣①，夫明尔德，以助余一人忧，毋【一二】惟尔身之遂，皆恤尔邦，假余宪②。既告汝元德之行，譬如主舟③，辅余于险④，遂余于济⑤。毋作祖考羞哉⑥。"【一三】

① 罼（dà），即"及"。荩（jìn）臣，《诗经·大雅·文王》："王之荩臣。"朱熹《诗集传》："荩，进也。言其忠爱之笃，进进无已也。"后世皆从朱熹解之为"忠臣"。马楠（2015）认为"荩"为"灰烬"之"烬"字的通假，所谓"荩臣"意为"遗臣""余臣"，可从。
② 假，《说文》："至也。"宪，典范。《诗经·小雅·六月》："万邦为宪。"此句传世本作"无维乃身之暴皆恤尔假予德宪"，句不通，故唐大沛云："此三句文义甚晦，或有讹脱。"
③ 主舟，掌船。读为"主"的字，原字形从舟，或为表示掌船的专字。此句传世本作"譬若众畋"，盖沿袭上文"譬若畋"而误。
④ 辅，《广雅·释诂二》："助也。"
⑤ 此句传世本作"乃而予于济"，卢文弨云："济，渡也。"周公常以渡河为喻宣扬同舟共济的思想，如《尚书·君奭》："今在予小子旦，若游大川，予往暨汝奭其济。"
⑥ 此句传世本仅余"汝无作"三字，前人既疑"作"下有缺文，或以此三

皇门

字为衍。根据简本,知此处确实脱"祖考羞哉"四字。或许有一种可能性,就是"祖考羞哉"四字原是写在传世本之底本的末简上的,而末简在流传过程中丢失,传世本便在此处戛然而止。

白话译文

正月庚午这一天,周公来到胡门。周公如是说:"呜呼!我们周国是民寡城少的小国,没有年高德重之人为我们思虑政事、屏护王位。我这个小子不是胆敢不用明刑,实在是由于没有人用嘉美之德的言论开化我。

现在我用比喻的手法以小见大,我听闻以前夏、商两代圣贤的君王颇能够恭敬于忧国忧民之事,于是贵族的宗子与亲近的大臣都努力地宣扬他们的美德,直到所有人都信服,用这种方式来襄助他们的君王,勤恳地忧恤于家国之事。又广泛地寻求、选取威武圣明之人,将他们进献给王室。从治国之臣到有采邑的庶子,只要能够获得信任,没有不顺遂通达地向王室献计献策的。这些人都力助君王恭行明祀,传播明刑。君王由此而有所借鉴,多效法好的政令,因而能和合功成。王因此能承顺上天的大命,百姓万民没有不顺服于王廷的。先王观察后人的行径,作天帝宾客濒临于天并对子孙进行福佑。这些人都襄助他们的君主,勤勉地为王室效劳。祖先神明用美善报答他们,使他们得到任用。国家因而得以安宁,人民因而都来归附,能够从事农业生产,都祭祀天神,部队因此兴盛,军备因此充足。王因而能够拥有四方之领地,即便是远方的领土也都顺承,子孙因而最终蒙受了先王的光辉。

到了那些后来继嗣而立的王,不肯用先王的明刑,(贵族的宗子与亲近的大臣）于是就急切地追逐、效法那些不合伦常的行为，只管顾、治理自己的家室，不忧恤国家之事。以巧黠之行作为标准来考察选用王臣，不畏惧上天降下的不祥之灾祸，不肯聆听无罪之人的说辞，却只做不顺应天意民愿之事。王向这些人访求好的言论，他们却都不以休美的德行来回应，竟然用虚伪和欺诈的言辞来回答，使王处于无依无靠的境地。就好比农夫，不好好从事农业生产而去追逐禽兽，怎么能够有收获？这些人还都嫉贤妒能、逸言诽谤，而对君主与国家不利。就好比正直的人有个善妒的妻子，她说：'只有我自己可以侍寝。'从而使家族败落。善妒的人任人唯亲，就会掩盖良善之人，使良善之人不被王室所起用。于是只好举用无德无能之人，赞扬他们，以他们为标准，作为上等人才，授以高阶的职位。政事因此变得错乱无序，狱讼也因此变得没有公信力。平民百姓只进行求福的祷告而不对祖先神明进行祭祀，上天因此不再保佑。善妒之人虽然最先受到惩罚，但是国家也不得安宁。

呜呼！敬慎啊，要以此为借鉴。我的这些叔父、兄弟还有前朝遗老，请彰明你们的德行，用来辅助我分担国事之忧，不要只顾你们自身的发达，都要忧恤你们的国家，达成我们的典范。我已经把最好的德行告知了你们，就像在水中掌船，你们要在危难中辅佐我，使我顺利渡河。不要让祖先因你们而蒙羞。"

原简释文

隹（惟）正[月]庚午，公睪（格）才（在）者（胡）門。公若曰："於（嗚）虐（呼）！朕募（寡）邑少（小）邦，穢（蔑）又（有）耆耇虞

（慮）事嘑（屏）朕立（位）。絲（肆）朕䤾（沖）人非敢不用明刑，隹（惟）莫覓（開）【一】余嘉惠（德）之兌（說）。

今我卑（譬）少（小）于大，我餰（聞）昔才（在）二又（有）或（國）之折（哲）王則不（丕）共（恭）于卹（恤），迺隹（惟）大門宗子埶（邇）臣，杺（懋）易（揚）嘉惠（德），乞（迄）又（有）寔（實），以【二】䕼（助）氒（厥）辟，董（勤）卹（恤）王邦王豪（家）。迺方（旁）救（求）巽（選）睪（擇）元武聖夫，䐧（羞）于王所。自釐（釐）臣至于又（有）貧（分）厶（私）子，句（苟）克又（有）欪（諒），亡（無）不䚈（遂）達，獻言【三】才（在）王所。是人斯䕼（助）王共（恭）明祀，敃（敷）明刑。王用又（有）監，多憲（憲）正（政）命，用克和又（有）成。王用能承天之魯命，百眚（姓）萬民用【四】亡（無）不䐭（擾）比才（在）王廷。先王用又（有）䉍（觀），以瀕（賓）右（佑）于上。是人斯既䕼（助）氒（厥）辟，董（勤）裌（勞）王邦王豪（家）。先[=]（先人）神示（祇）遉（復）式（式）用休，卑（俾）備（服）【五】才（在）氒（厥）豪（家）。王邦用宭（宭），少（小）民用叚（格），能豪（稼）嗇（穡），咊（咸）祀天神，戎兵以能興，軍用多實。王用能盉（奄）又（有）四叟（鄰），遠土不（丕）承，孫=（子孫）用【六】䅣（末）被先王之耿光。

至于氒（厥）逡（後）嗣立王，迺弗肯用先王之明刑，乃隹（維）叞=（汲汲）疋（胥）區（驅）疋（胥）敫（教）于非彝，以豪（家）相氒（厥）室，弗【七】卹（恤）王邦王豪（家）。隹（維）俞（愉）惠（德）用以餰（問）求于王臣，弗畏不恙（祥），不肯惠聖（聽）亡（無）皋（罪）之詞（辭），乃隹（惟）不訓（順）是䋀（治）。我王訪良言於是【八】人，斯乃非休惠（德）以䧹（應），乃隹（維）乍（詐）區（詬）以畣（答），卑（俾）王之亡（無）依亡（無）䕼（助）。卑（譬）女（如）戎（農）夫，喬（驕）用從朕（禽），亓（其）由（猶）克又（有）䐑（獲）？是人斯迺訡（讒）惻（賊）【九】[媢嫉]，以不利氒（厥）辟氒（厥）邦。卑（譬）

女(如)毊(梧)夫之又(有)悉(娟)妻,曰:'余蜀(獨)備(服)才(在)寝。'以自零(落)氒(厥)豙(家)。悉(娟)夫又(有)埶(邇)亡(無)遠,乃弇盍(蓋)善=【一〇】夫=(善夫,善夫)莫達才(在)王所。乃隹(惟)又(有)奉俟(矦)夫,是煬(揚)是纁(繩),是以爲上,是受(授)司事巿(師)長。正(政)用迷阌(亂),獄用亡(無)成。少(小)民用鬲(禱)亡(無)用祀,【一一】天用弗寚(保)。悉(娟)夫先受吝(珍)罰,邦亦不窋(宓)。

於(鳴)虖(呼)!敬(敬)才(哉),監于兹。朕遺父兄眔朕律(蓋)臣,夫明尔(爾)惪(德),以酇(助)余一人惪(憂),母(毋)【一二】隹(惟)尔(爾)身之鼺(遂),皆卹(恤)尔(爾)邦,叚(假)余蕙(憲)。既告女(汝)悉(元)惪(德)之行,卑(譬)女(如)舩(主)舟,輔余于險,鼺(遂)余于淒(濟)。母(毋)复(作)俎(祖)考胹(羞)才(哉)。"【一三】

一【一背】 二【二背】 三【三背】 四【四背】 五【五背】 六【六背】 七【七背】 八【八背】 九【九背】 十【一〇背】 十一【一一背】 十二【一二背】 十三【一三背】

传世文本资料

维正月庚午,周公格左闳门会群门。曰:呜呼!下邑小国克有耇老据屏位,建沈人,非不用明刑。维其开告于予嘉德之说,命我辟王小至于大。我闻在昔有国誓王之不绥于恤,乃维其有大门宗子势臣,内不茂扬肃德,讫亦有孚,以助厥辟,勤王国王家。乃方求论择元圣武夫,羞于王所。其善臣以至于有分私子。苟克有常,罔不允通,咸献言在于王所。人斯是助王恭明祀、敷明刑。王用有监,明宪朕命,用克和有成,用能承天嘏命。百姓兆民,用罔不茂在王庭。先用有劝,永有□于上下。人斯既助厥勤劳王家。先人神祇报职用休,俾嗣在厥家。王国用宁,小人用格,□能稼穑,咸祀天神,戎兵克慎,军用克多。王用奄有四邻,远土丕承,万子孙用末被先王之灵光。至于厥后嗣,弗见先王之明刑,维时及胥学于非夷。以家相厥室,弗恤王国王家,维德是用。以昏求臣,作威不祥,不屑惠听,无辜之乱辞是羞于王。王阜良,乃惟不顺之言于是。人斯乃非维直以应,维作诬以对,俾无依无助。譬若畋,犬骄用逐禽,其犹不克有获。是人斯乃谗贼媚嫉,以不利于厥家国。譬若匹夫之有婚妻,曰予独服在寝,以自露厥家。媚夫有迩无远,乃食盖善夫,俾莫通在士王所。乃维有奉狂夫是阳是绳,是以为上,是授司事于正长。命用迷乱,狱用无成。小民率穑,保用无用。寿亡以嗣,天用弗保。媚夫先受殄罚,国亦不宁。呜呼,敬哉!监于兹,朕维其及。朕荩臣,夫明尔德以助予一人忧,无维乃身之暴皆恤尔假予德宪,资告予元。譬若众畋,常扶予险,乃而予于济。汝无作!

(《逸周书·皇门》)

参考文献

陈剑(2013):《清华简〈皇门〉"䵎"字补说》,《战国竹书论集》,上海古籍出版社,2013年。

杜勇(2015):《清华简〈皇门〉的制作年代及相关史事问题》,《中国史研究》2015年第3期。

复旦大学出土文献与古文字研究中心研究生读书会（复旦读书会2011）：《清华简〈皇门〉研读札记》，复旦大学出土文献与古文字研究中心网站，2011年1月5日。

黄杰（2014）：《再议清华简〈皇门〉"耆门"及相关问题》，《中国文字研究》第十九辑，上海书店出版社，2014年。

黄甜甜（2016）：《由清华简三篇论〈逸周书〉在后世的改动》，《中华文史论丛》2016年第2期。

李均明（2011）：《清华简〈皇门〉之君臣观》，《中国史研究》2011年第1期。

马楠（2015）：《〈诗毛传〉指瑕四则》，《中国经学》第十六辑，广西师范大学出版社，2015年。

孙飞燕（2011）：《清华简〈皇门〉管窥》，《清华大学学报（哲学社会科学版）》2011年第2期。

朱凤瀚（2012）：《读清华楚简〈皇门〉》，《清华简研究》第一辑，中西书局，2012年。

祭 公 之 顾 命

解 题

《祭公之顾命》篇原由沈建华负责整理，图版与释文注释均收录于《清华大学藏战国竹简（壹）》。

该篇共有二十一支简，在清华简的"书"类文献中属于较长的一篇。简书原有次序编号，书于简背的竹节处（原整理报告本篇说明误作"无次序编号"，当更正）。完简长44.4厘米左右，三道编，每支简书有文字约二十三至三十二字不等。除第二、三、四简上下端稍有残裂，第十九简略呈模糊外，全篇保存良好，文字清晰可辨。

简书的篇题"祭公之顾命"五字，题于末简最下端。与该篇有关的文本见于《逸周书》，篇题为《祭公》。战国文献《缁衣》称引该篇则为《叶（祭）公之顾命》，与简本略同。将清华简本与传世本的文本进行比勘，可知传世本多有脱漏讹误，甚至有后人误读后妄加更改的现象。比如简文澄清了传世本"毕桓于黎民般"一句的讹误，并发现了当时三公毕桓、井利、毛班的名号，对于该篇文本以及西周制度的研究都具有很重要的意义。

本篇的主人翁祭公谋父，历事昭王、穆王，又见载于《左传》与

《国语》，是西周中期最为著名的王臣。周穆王在祭公临终前向他请教懿德，他虽然再三婉拒，但最终仍然将平生的治政经验和盘托出。在祭公看来，作为后嗣子孙，周人若要永保天命，就必须承继文王、武王的明德。具体而言，就是不可以兴起祸乱、不可以宠妾灭妻、不可以因小失大、不可以亲近小人疏远贤臣、不可以因私废公等。

祭公与穆王、三公的这篇对话，很好地反映了当时的国家运转机制与君臣关系模式。作为西周中期的长篇对话，对于研究周代天神信仰与德政理念的演变来说，也是重要的参考资料。

简文校释

王若曰："祖祭公①，哀余小子②，昧其在位③，旻天疾威④，余多时假惩⑤。我闻祖不【一】豫有迟⑥，余惟时来视⑦。不淑疾甚⑧，余畏天之作威，公其告我懿德。"

① 此段的发语者"王"，据史料记载为周穆王。祖祭公，则是见于《左传》《国语》的大臣"祭公谋父"。祭氏为周公之后，《左传·僖公二十四年》载："凡、蒋、邢、茅、胙、祭，周公之胤也。"从穆王称其为"祖"来看，祭公谋父应为周公之孙、初代祭公之子，与周康王同辈。又下文中祭公称昭王为"朕辟"，可知他至少在昭王之世已为王臣，在穆王一朝应是备受尊崇的年高德劭之人。

② 哀，《说文》："闵也。"《诗经·周颂》有《闵予小子》篇，《尚书·文侯之命》有"闵予小子嗣"之说，与本句略同。传世本作"次"，前人早有怀疑，刘师培《周书补正》引或说云："次当作汝，汝、闵同。"

③ 昧，《说文》："闇（ān）也。"昧其在位，乃是穆王谦称迷茫无知却居于王位。传世本作"虔虔在位"，颇为费解。

④ 旻天疾威，又见于《诗经·小雅·小旻》与毛公鼎。传世本此处作"昊天疾威"，"昊"为"旻"的形近误字。

⑤ 时，《尔雅·释诂》："是也。"假，训"大"。惩，《诗经·周颂·小毖》郑玄笺："艾也。"意为惩戒。"假"与传世本"溥"义近，"惩"则与"愆"（qiān）形似。

⑥ 不豫，即心情不能愉悦，周人隐称处于疾病状态为"不豫"，如《尚书·金縢》"王有疾，弗豫"，清华简《保训》"惟王五十年，不豫"。迟，《广雅·释诂三》："久也。"陈剑（2017）指出此处"迟"为名词，作"有"的宾语，意为停留、留止。不豫有迟，大意是说祭公久病不愈。

⑦ 简文"貝"字，整理报告原释为"见"，黄杰（2011）最早指出当据楚简用字习惯改释为"视"，可从。此句传世本作"予惟敬省"，是来省视祭公病情之义。

⑧ 不淑疾甚，句义为"不幸的是病情越来越严重"。传世本作"不吊天降疾病"，"天降"二字或为衍文。

祭公拜手【二】稽首①，曰："天子，谋父朕疾惟不瘳②。朕身尚在兹，朕魂在朕辟昭王之所③，丧图不知命④。"【三】

① 拜手稽（qǐ）首，作揖且跪拜叩首之礼，多见于《尚书》《逸周书》。《周礼·春官·大祝》："辨九拜，一曰稽首。"可知"稽首"为"九拜"之一。

② 谋父，为祭公的字。瘳（chōu），《说文》："疾愈也。"

③ 周代已有魂魄与肉体对立的观念，如《左传·昭公七年》载："人生始化曰魄，既生魄，阳曰魂。用物精多，则魂魄强。是以有精爽，至于神明。匹夫匹妇强死，其魂魄犹能冯依于人。"简文"朕身尚在兹，朕魂在朕辟昭王之所"，是祭公自述魂魄已经离开身体，前去服侍早先登天的周昭王了。

④ 整理报告原释为"亡"的"芒"字，实应释读为"丧"。丧，《说文》："亡也。"图，《尔雅·释诂》："谋也。"《尚书·多方》："洪惟图天之命。"丧图不知命，是祭公谦称已丧失谋划国事、洞悉天命的能力。此数句传世本作"朕魂在于天，昭王之所勩，宅天命"，多有错讹。

王曰："呜呼，公，朕之皇祖周文王、烈祖武王①，宅下国②，作陈周邦③。惟时皇上帝【四】宅其心④，享其明德，付畀四方⑤，用膺受天之命⑥，敷闻在下⑦。我亦惟有若祖【五】周公暨祖召公，兹迪袭学于文武之曼德⑧，克夹绍成康⑨，用毕【六】成大商。我亦惟有若祖祭公，修和周邦⑩，保乂王家。"

① "文王"前衍一"周"字，传世本无"之"。从该篇的语境来看，穆王与祭公称述文王当然不需要加国号。然而本篇简十亦作"周文王"，清华简《金縢》篇也有类似现象，可能与清华简乃是楚人抄写，加国号以与楚国先王区别有关。

② 宅，居。传世本对应之字作"度"。

③ 作陈周邦，传世本脱去"邦"字，朱右曾《逸周书集训校释》云："作陈周者，始甸周也。"

④ 宅，度。传世本即作"度"。"宅心"见于《尚书·立政》，"度心"

见于《诗经·大雅·皇矣》"维此王季,帝度其心"。

⑤ 付畀(bì),交付、交给。传世本作"付俾"。《尚书·康王之诰》:"皇天用训厥道,付畀四方,乃命建侯树屏。"

⑥ 膺(yīng),承受、接受。文王、武王膺受天命之说,常见于周代文献与金文。

⑦ 敷,广。闻,闻见、听闻,传世本作"文",是假借字。《尚书·文侯之命》:"丕显文武,克慎明德,昭升于上,敷闻在下。"

⑧ 迪,王引之《经义述闻》训为"用",在这里作连词。袭,继也。曼,《诗经·鲁颂·閟宫》毛传:"长也。"传世本作"蔑",应该是"曼"的假借字。《尚书·君奭》"兹迪彝教文王蔑德"句,与此近似。

⑨ 夹,辅佐。绍,继承。西周中期的铜器师询簋铭文作:"用夹绍厥辟,奠大命。"

⑩ 修,治理。和,和谐。修和周邦,《尚书·君奭》:"惟文王尚克修和我有夏。"

王曰:"公称丕显德①,【七】以余小子扬文武之烈,扬成、康、昭主之烈②。"

① 称,称举。丕显,光大显明。
② 主,《广雅·释诂一》:"君也。"传世本作"考",或是由古文字"主""考"形近致误。

王曰:"呜呼,公,汝念哉①!逊措乃【八】心②,尽付畀余一人③。"

① 汝念哉，为周时成语，如《尚书·康诰》："王曰：呜呼！封，汝念哉！"传世本作"无困我哉"，其中应有讹误。
② 逊，退。《尚书·康诰》："乃汝尽逊曰时叙，惟曰未有逊事。"措，《说文》："置也。"
③ 此句传世本作"俾百僚乃心，率辅弼予一人"，与简文差别较大。其中"辅弼"应系"付畀"音近而误。

公懋拜手稽首①，曰："允哉！"乃召毕桓、井利、毛班②，曰："三公，谋父朕【九】疾惟不瘳，敢告天子，皇天改大邦殷之命，惟周文王受之，惟武王大败之，【一〇】成厥功。惟天奠我文王之志③，动之用威④，亦尚宽臧厥心⑤，康受亦式用休⑥，亦美【一一】懋绥心⑦，敬恭之。惟文武中大命⑧，戡厥敌。"

① 懋（mào），《说文》："勉也。"指在病中的祭公勉为其难地行拜手稽首之礼。
② 毕桓、井利、毛班，是穆王时期的三公。毕桓，于鬯《香草校书》已指出其为周文王之子毕公高之后，《穆天子传》中有人名毕矩，"矩"很可能就是"桓"的讹写。《穆天子传》亦有井利、毛班，两人还见于金文。井利即穆公簋盖和师遽方彝的宰利，是成王时封于邢的周公之后。毛班即班簋的班，是周文王之子毛叔郑的后人。此句传世本作"允乃诏，毕桓于黎民般"，应是由于底本错乱而进行了较大规模的主观改易。
③ 奠，读为"定"，传世本作"贞"，通假字。俞樾《周书平议》："贞，当训定。"

④ 动之用威,类于《尚书·金縢》:"今天动威以彰周公之德。"
⑤ 宽,《尚书·皋陶谟》:"宽而栗,柔而立。"郑玄曰:"宽,谓度量宽宏。"臧,《说文》:"善也。"《尚书·无逸》:"不宽绰厥心,乱罚无罪,杀无辜。"所谓宽臧,与"宽绰"义近。
⑥ 康,康乐。《尔雅·释诂》:"康,乐也。"《诗经·周颂·天作》:"彼作矣,文王康之。"式,语助词。《诗经·邶风·式微》郑玄笺:"式,发声也。"
⑦ 绥,安也。《诗经·大雅·民劳》:"惠此中国,以绥四方。"
⑧ 中,《礼记·月令》郑玄注:"犹应也。"《左传·定公元年》:"未尝不中吾志也。"传世本作"申",在意思上也可以说通。

公曰:"天子,三公,我亦上下辟于文武之受【一二】命①,广戡方邦②,丕惟周之旁③,丕惟后稷之受命是永厚④。惟我后嗣,方建宗子,丕【一三】惟周之厚屏⑤。呜呼,天子,监于夏商之既败,丕则亡遗后,至于万亿年,亿年参叙之⑥。【一四】既沁⑦,乃有履宗⑧,丕惟文武之由⑨。"

① 辟,传世本孔晁注:"法也。"
② 戡(kān),平定,攻克。方邦,即方国。
③ 丕惟,唐大沛《逸周书分编句释》:"'丕维'二字皆发声词。"旁,《说文》:"溥也。"
④ 后稷为周人始祖,故称"后稷之受命"。厚,《国语·鲁语上》韦昭注:"大也。"
⑤ 屏,屏藩、屏障。《尚书·康王之诰》:"乃命建侯树屏,在我后之人。"
⑥ 参,《荀子·解蔽》杨倞注:"验也。"叙,《国语·晋语三》韦昭注:"述

也。"整理报告以为"亿年"二字下重文符号为误衍,但从文意来看,"亿年"于此处重读一次未尝不可。亿年参叙之,意云夏商败亡可以亿年万世引以为鉴。

⑦ 沁,疑读为"咸",训为"终"。既沁,与传世本"既毕"义近。
⑧ 履,《尔雅·释诂》:"福也。"有履宗,有福佑于宗室。
⑨ 由,《荀子·哀公》王先谦集解引郝懿行曰:"道也。"

公曰:"呜呼,天子,丕则寅言哉①。汝毋以戾灾皋辜【一五】丧时远大邦②,汝毋以嬖御疾尔庄后③,汝毋以小谋败大作,汝毋以嬖士疾大夫卿士④,汝【一六】毋各家相乃室,然莫恤其外⑤。其皆自时中乂万邦⑥。"

① 寅,《尔雅·释诂》:"敬也。"《尚书·无逸》:"昔在殷王中宗,严恭寅畏。"
② 戾(lì)灾,即灾戾,从邓少平(复旦读书会2011)说。《汉书·食货志下》有"古者天降灾戾"。皋(zuì),即"罪"。《尔雅·释诂》郭璞注:"刑罪。"《尚书·金縢》:"则罪人斯得。"辜(gū),亦训"罪"。"罪辜"同义连用,文献屡见不鲜。时,此也。
③ 嬖(bì)御,宠妾。息,读为"疾",意为嫉妒。庄后,正妻。
④ 嬖士,宠臣。
⑤ 类似的描述见清华简《皇门》:"以家相厥室,弗恤王邦王家。"
⑥ 中,中正之道。乂,治理。《尚书·洛诰》:"其自时中乂,万邦咸休。"

公曰:"呜呼,天子,三公,汝念哉。【一七】汝毋眩瞑攘攘①，厚颜忍耻，时惟大不淑哉。"

① 原简此处有一漶灭字，后贾连翔（2013）根据补拍红外照片指出其是"緍"字。"緍"可读为"眠"，后一字"努"则可读为"瞑"。"眠"与"瞑"同义连用，见于清华简《傅说之命中》："若药，如不瞑眩，越疾罔瘳。"攘攘，纷乱貌，是对"眠眠"的补充说明。传世本作"泯泯芬芬"。"泯"是"瞑"的假借字；"芬芬"即"纷纷"，与"攘攘"同义。

曰："三公，敷求先王之恭明德①；刑四方，【一八】克中尔罚②。昔在先王，我亦不以我辟陷于难③，弗失于政，我亦惟以没我世④。"

① 此处整理报告释"事"的字，从复旦读书会（2011）读"敷"并重新断读。恭明德，见于《尚书·君奭》："嗣前人，恭明德。"
② 克，能。中，公正。以上"曰"字后数句整体为传世本所无，或许其底本发生了脱简。
③ 此句与师询簋"欲汝弗以乃辟陷于艰"近似。
④ 没我世，传世本作"免没我世"，王念孙曾疑"免"为"克"字之误。清华简《治政之道》有"没身免世"之说，可见"免世""没世"为同义换用。没我世，意为满尽我的一生，参见马晓稳（2020）的相关总结。

公【一九】曰："天子，三公，余惟弗起朕疾，汝其敬哉。

兹皆保胥^①一人，康㜏之^②，孼服之^③，然毋敭绝^④，【二〇】维我周有常刑。"

① 胥，《尔雅·释诂》："相也。"保胥，即保卫、辅佐。
② 康，《尔雅·释诂》："安也。""康"下之未释字，根据红外照片看似可隶定为"㜏"，疑读为"慈"。
③ 孼，可读为"乂"，治理。服，服事。
④ 敭，《说文》："终也。""绝"字原未释，见红外照片。

王拜稽首，誉言^①，乃出。

① 拜稽首，传世本作"拜手稽首"，简本可能在"拜"字下脱一合文符号。誉，赞美、称赞，从复旦读书会（2011）之释。

祭公之顾命^①【二一】

① 简书篇题书于尾简之末，在清华简中比较特别。篇题作"祭公之顾命"，同于《缁衣》对本篇的称引，在《逸周书》中则仅题为"祭公"。该篇与《尚书·顾命》以及清华简《保训》《郑文公问太伯》都是君王臣子在临终前的训示与谏言，借由简本篇题提示，可知"顾命"在先秦时期是一种特殊的体裁。

祭公之顾命

白话译文

王如是说:"我的祖父祭公,可怜我这个小子,迷茫无知地居于王位,致使上天降下猛烈的威严,让我受了这么多严厉的惩罚。我听说祖父您久病不愈,我因此特地来探望您。不幸的是您的病情越来越严重,我怕是上天(因为我的德不配位而)降下的威严,请您将美好的德行告知我吧。"

祭公向穆王行了拜手稽首之礼,说:"天子,谋父我的病不会好了。虽然我的躯体还在这里,但我的魂魄已经前去服侍早先登天的昭王了,丧失了谋划国事的能力,无法知悉天命。"

王说:"呜呼,祭公啊,我光大的先祖文王、威烈的先祖武王,宅居在下国小邦,创始、奠定了周朝。皇天上帝宅度他们的用心,享有他们的明德,把四方之土交付给他们,用以接受天命,在民间广布声闻。我们还有先祖周公和召公,他们因为继承、效法文王武王的大德,能够辅佐成王和康王,最终完成平定商人的伟业。我们还有祖父您祭公,能修治调和周邦,保卫治理王室。"

王说:"请祭公您称举光大显明之德,使我这个小子弘扬文王、武王的光烈,弘扬成王、康王、昭王的光烈。"

王说:"呜呼,祭公啊,您要好好考虑啊!把您(关于德行)的思考都归纳起来,全部告知我吧。"

祭公勉力地行了拜手稽首之礼,说:"好吧!"于是就召来了毕桓、井利、毛班,说:"三公啊,谋父我的病不会好了,敢于告诫天子,皇天上帝改易了大国殷的天命,使周文王受了天命,武王完胜了殷人,最终完成了克商的功业。上天要安定我们文王的心志,就动用了天的威

57

严；还要宽慰他们的心志，（使他们）康乐地接受并用以达到休美；还以美善勤勉安定心志，（使他们）恭敬。文王、武王致中于天命，歼灭了他们的敌人殷商。"

祭公说："天子，三公啊，我们君臣上下也要效法文王、武王的受命大业，广泛地征伐四方的邦国，如此才能使周邦博大，如此才能使先祖后稷所受之命永远厚实。我们这些后嗣，还要广泛分封宗子，如此才能使周邦得到坚实的屏障。呜呼，天子啊，要以夏商的败亡为借鉴，如此便可以不留下后患，一直到亿万年，而且亿万年都可以验证借鉴。已经这样做了，才能有福佑于宗室，如此才是文王、武王之道。"

祭公说："呜呼，天子啊，这些都是敬慎的告诫。你不要因为灾祸和罪辜而丧亡了这个伟大的国家；你不要因为宠妾而嫉恨正妻；你不要因为小伎俩而败坏了国家大事；你不要因为宠臣而嫉恨大夫卿士；你不要只顾自己的小家庭而不体恤在外的万民。这些都是治理万邦的中正之道。"

祭公说："呜呼，天子，三公啊，你们要时刻思量啊。你们不要糊涂迷乱、浑浑噩噩，厚着脸皮忍受耻辱，这是很严重的不良行为。"

又说："三公啊，广泛地去寻求先王恭敬的明德；在四方施用刑罚，能够做到公平公正。以前在先王之时，我也不使我的君主陷于艰险，治国理政没有过失，我也因此得以圆满结束我的一生。"

祭公说："天子，三公啊，我已经无法战胜我的疾病了，你们敬慎吧。都要保卫、辅佐天子一人，康乐慈爱他，安治服侍他，而不要使他终绝无可用，这就是我们周朝应有的常刑。"

王对祭公行拜手稽首之礼，称赞了他的善言，于是就出去了。

祭公的临终遗言

祭公之顾命

原简释文

　　王若曰："且（祖）懋（祭）公，衮（哀）余少（小）子，珠（昧）亓（其）才（在）立（位），訳（旻）天疾畏（威），余多寺（时）叚（假）懲。我餌（闻）且（祖）不【一】余（豫）又（有）尼（迟），余佳（惟）寺（时）逨（来）貝（视）。不汜（淑）疾甚，余畏天之乍（作）畏（威），公亓（其）告我懿恿（德）。"

　　懋（祭）公拜＝（拜手）【二】韶＝（稽首），曰："天子，惎（谋）父朕（朕）疾佳（惟）不瘳。朕（朕）身尚才（在），孳（兹），朕（朕）豔（魂）才（在）朕（朕）辟卲（昭）王帝＝（之所），屰（丧）煑（图）不智（知）命。"【三】

　　王曰："於（呜）虎（呼），公，朕（朕）之皇且（祖）周文王、剌（烈）且（祖）武王，厇（宅）下鄅（国），复（作）戕（陈）周邦。佳（惟）寺（时）皇上帝【四】厇（宅）亓（其）心，卿（享）亓（其）明恿（德），寽（付）畀四方，甬（用）纏（膺）受天之命，尃（敷）餌（闻）才（在）下。我亦佳（惟）又（有）若且（祖）【五】周公概（暨）且（祖）卲（召）公，孳（兹）由（迪）遥（袭）孚（学）于文武之曼恿（德），克夾卲（绍）盛（成）康，甬（用）毖（毕）【六】盛（成）大商。我亦佳（惟）又（有）若且（祖）懋（祭）公，坐（修）和周邦，保刡（乂）王豪（家）。"

　　王曰："公禹（称）丕（丕）顯恿（德），【七】以余少（小）子颺（扬）文武之剌（烈），颺（扬）盛（成）、康、卲（昭）主（主）之剌（烈）。"

　　王曰："於（呜）虎（呼），公，女（汝）念孳（哉）！悉（遂）惜（措）乃【八】心，聿（尽）寽（付）畀余一人。"

　　公悫（懋）拜＝（拜手）韶＝（稽首），曰："允孳（哉）！"乃卿（召）

羅（畢）騙（桓）、丼（井）利、毛班，曰："三公，愳（謀）父滕（朕）【九】疾隹（惟）不瘳，敢羣（告）天子，皇天改大邦壐（殷）之命，隹（惟）周文王受之，隹（惟）武王大叡（敗）之，【一〇】𡉈（成）㞢（厥）玒（功）。隹（惟）天奠我文王之志，遉（動）之甬（用）畏（威），亦尚屋（寬）臧（臧）㞢（厥）心，康受亦弋（式）甬（用）休，亦兯（美）【一一】悉（懋）妥（綏）心，敬葬（恭）之。隹（惟）文武中大命，或（戡）㞢（厥）敲（敵）。"

公曰："天子，三公，我亦辵（上）下卑（辟）于文武之受【一二】命，宔（廣）寋（戩）方邦，不（丕）隹（惟）周之旁（旁），不（丕）隹（惟）句（后）稷（稷）之受命是羕（永）㝮（厚）。隹（惟）我逡（後）嗣，方𦘴（建）宗子，不（丕）【一三】隹（惟）周之㝮（厚）丼（屏）。於（嗚）虎（呼），天子，藍（監）于頙（夏）商之既敗（敗），不（丕）則亡遺逡（後），至于萬𦈢=年=（億年，億年）參舒（叙）之。【一四】既沁，乃又（有）顀（履）宗，不（丕）隹（惟）文武之由。"

公曰："於（嗚）虎（呼），天子，不（丕）則豔（寅）言孴（哉）。女（汝）母（毋）以㾊孴（災）皋虡（辜）【一五】㞢（喪）寺（時）寋（遠）大邦，女（汝）母（毋）以俾（譬）卹（御）息（疾）尔（爾）臧（莊）句（后），女（汝）母（毋）以少（小）愳（謀）敗（敗）大慮（作），女（汝）母（毋）以俾（譬）士息（疾）夫=（大夫）卿孛（士），女（汝）【一六】母（毋）各𢼄（家）相而（乃）室，肰（然）莫血（恤）亓（其）外。亓（其）皆自寺（時）审（中）㝅（乂）萬邦。"

公曰："於（嗚）虎（呼），天子，三公，女（汝）念孴（哉）。【一七】女（汝）母（毋）絸（眩）努（瞑）㥯=（攮攮），㝮（厚）𠧑（颜）忍恥，寺（時）隹（惟）大不弔（淑）孴（哉）。"

曰："三公，専（敷）求先王之共（恭）明悳（德）；型（刑）四方，【一八】克审（中）尔（爾）罰。昔才（在）先王，我亦不以我辟歓（陷）

于戁(難),弗遂(失)于政,我亦隹(惟)以没我殀(世)。"

公【一九】曰:"天子,参(三)公,余隹(惟)弗迟(起)朕(朕)疾,女(汝)亓(其)敬孳=(哉。兹)皆缶(保)舍(胥)一人,康抒之,孨(孽)怀(服)之,肰(然)母(毋)夕(夜)斁(斁)鹽(絶),【二〇】維我周又(有)棠(常)型(刑)。"

王拜頜=(稽首),瞾(譽)言,乃出。

𢘏(祭)公之賜(顧)命【二一】

一【一背】 二【二背】 三【三背】 四【四背】 五【五背】 六【六背】 七【七背】 八【八背】 九【九背】 十【一〇背】 十一【一一背】 十二【一二背】 十三【一三背】 十四【一四背】 十五【一五背】 十六【一六背】 十七【一七背】 十八【一八背】 十九【一九背】 廿【二〇背】 廿一【二一背】

传世文本资料

王若曰:祖祭公!次予小子,虔虔在位。昊天疾威,予多时溥愆。我闻祖不豫有加,予惟敬省。不吊天降疾病,予畏天威,公其告予懿德。

祭公拜手稽首曰:天子,谋父疾维不瘳。朕身尚在兹,朕魂在于天,昭王之所勖,宅天命。

王曰:呜呼!公,朕皇祖文王、烈祖武王,度下国,作陈周,维皇皇上帝度其心,置之明德。付俾于四方,用应受天命,敷文在下。我亦维有若文祖周公暨列祖召公,兹申予小子追学于文武之蔑。周克龛绍成康之业，以将天命，用夷居之大商之众。我亦维有若祖祭公之执和周国，保乂王家。

王曰：公称丕显之德，以予小子扬文武大勋，弘成康昭考之烈。

王曰：公无困我哉！俾百僚乃心，率辅弼予一人。

祭公拜手稽首曰：允乃诏，毕桓于黎民般。公曰：天子，谋父疾维不瘳，敢告天子：皇天改大殷之命，维文王受之，维武王大克之，咸茂厥功。维天贞文王之重用威，亦尚宽壮厥心，康受乂之，式用休。亦先王茂绥厥心，敬恭承之。维武王申大命，戡厥敌。

公曰：天子，自三公上下，辟于文武，文武之子孙，大开方封于下土，天之所锡武王时疆土，丕维周之□，□□后稷之受命，是永宅之。维我后嗣，旁建宗子，丕维周之始并。呜呼！天子、三公，监于夏商之既败，丕则无遗后难，至于万亿年，守序终之。既毕，丕乃有利宗，丕维文王由之。

公曰：呜呼！天子，我不则寅哉寅哉！汝无以戾□罪疾，丧时二王大功。汝无以擘御固庄后，汝无以小谋败大作，汝无以擘御士疾大夫卿士，汝无以家相乱王室而莫恤其外。尚皆以时中乂万国。

呜呼！三公，汝念哉！汝无泯泯芬芬，厚颜忍丑，时维大不吊哉。昔在先王，我亦维丕以我辟险于难，不失于正，我亦以免没我世。

呜呼！三公，予维不起朕疾，汝其皇敬哉！兹皆保之，曰：康子之攸保，勖教诲之，世祀无绝。不，我周有常刑。

王拜手稽首觉言。

(《逸周书·祭公》)

参考文献

陈剑（2017）：《清华简字义零札两则》，《战国文字研究的回顾与展望》，中西书局，2017年。

陈颖飞（2012）：《清华简祭公与西周祭氏》，《江汉考古》2012年第1期。

杜勇（2014）：《清华简〈祭公〉与西周三公之制》，《历史研究》2014年第4期。

复旦大学出土文献与古文字研究中心研究生读书会（复旦读书会2011）：《清华简〈祭公之顾命〉研读札记》，复旦大学出土文献与古文字研究中心网站，2011年1月5日。

黄杰（2011）：《读清华简笔记（二）》，武汉大学简帛网，2011年1月9日。

黄甜甜（2016）：《由清华简三篇论〈逸周书〉在后世的改动》，《中华文史论丛》2016年第2期。

贾连翔（2013）：《清华简壹—叁辑字形校补札记》，《出土文献》第四辑，中西书局，2013年。

李学勤（2013）：《清华简〈祭公〉与师询簋铭》，《初识清华简》，中西书局，2013年。

刘国忠（2012）：《试析清华简〈金縢〉篇名中的称谓问题》，《清华简研究》第一辑，中西书局，2012年。

马晓稳（2020）：《读清华简〈治政之道〉札记（六则）》，《清华大学学报（哲学社会科学版）》2020年第1期。

沈建华（2010）：《清华楚简〈祭公之顾命〉中的三公与西周世卿

制度》,《中华文史论丛》2010年第4期。

夏含夷（2012）：《先秦时代"书"之传授——以清华简〈祭公之顾命〉为例》,《清华简研究》第一辑,中西书局,2012年。

保　　训

解　题

　　《保训》是清华简中最早整理公布，同时也是最先在学界引发热烈讨论的一篇。该篇由李守奎负责整理，图版与释文先是在《文物》2009年第6期公布，后又正式收入《清华大学藏战国竹简（壹）》中。

　　该篇之所以能够首先被揭示出来，很大程度上取决于其相对特殊的形制特征。《保训》全篇共有十一简，完简仅长28.5厘米，与典籍类竹简48厘米左右的定制相去较远，是清华简中简长最短的篇目之一。由于简长的限制，该篇只有上下两道编绳，简文均顶头书写，简尾则留有一个字距的空白，与"天头地脚"俱全的其他篇目相比，规制也比较特殊。

　　《保训》每支简书有二十二至二十四字不等，保存相对完好，只有第二支简上半残失约十一字。该篇虽为楚文字书写，但其中一些字体却展现出了其他区系文字的特征。有学者指出该篇的用字受到了三晋文字的影响，也有学者认为其中有齐鲁文字的特点。这种底本的文字特点未经楚文字完全"驯化"的现象，昭示着该篇传入楚地并没有太久。

　　《保训》篇原无简序编号，也没有发现专门的标题，现题"保训"二字为整理者从简文首句摘字所拟。该篇虽然是传世文献中前所未见的文本,但简文的篇章模式与部分文句均与《尚书·顾命》近似,可能是后人以一定的历史资料为基础仿照《顾命》所拟写的。

该篇记载的是周文王临终前向嗣位之君武王传遗"宝训"的故事。文王在篇中先是以书面的形式向武王传授了君王世代相传的"宝训",接下来又列举了舜、上甲微、汤等前代圣君求"中"、得"中"以致王天下的故事,以此教育武王敬畏天命、恪守中道。

周文王虽然是赫赫宗周的奠基人,但《尚书》《逸周书》中记录文王语言与思想的可靠篇章却不是很多。《保训》的重新发现,对于研究商周之际的思想观念以及周代文、武两朝的政权交接均有重要价值。尤其是文王在篇中反复强调的概念"中",与儒家的"中道"思想以及传统价值理念均有密切关联,学界对"中"的内涵多有讨论,作出了不同的解读。

简文校释

惟王五十年①,不豫②。王念日之多历,恐坠宝训③。戊子,自靧水④。己丑,昧【一】[爽]□□□□□□□□□⑤

① 惟王五十年,当指周文王五十年。《尚书·无逸》载:"文王受命惟中身,厥享国五十年。"《史记·周本纪》也说:"西伯盖即位五十年。"文王自即位为西伯至于崩天,历有五十年,应该是当时的共同认识。但是文王受天之命并改元称王,根据《程寤》篇首的"惟王元祀"来看,则应该是他晚年的事了。简文说"惟王五十年",似指此时文王称王已有五十年,与其他文献的记载有着明显的矛盾。考虑到

《保训》篇从语言与思想上来看成篇的时代都比较晚，我们猜测所谓文王称王五十年，很可能是春秋战国人误解了《尚书·无逸》文王"享国五十年"后构拟出来的，并不符合周初的实际。

② 简文"瘳"字，以及清华简《金縢》《祭公之顾命》等篇中有相关的字"瘳""余"，据传世本来均应读为"豫"。《尚书·顾命》又有"王不怿（yì）"，"不怿""不豫""不瘳"应该是一类词。豫，《尔雅·释诂》："安也""乐也"。不豫，在这些篇中常与"有疾"连言，是周人习惯以不安乐晦称有疾。

③ 简文"鬲"（lì）字，读为"历"。《说文》："历，过也。"《国语·吴语》："伯父多历年以没元身。"此时文王即位西伯已有五十年，年齿则更长，故云"日之多历"。坠，失也。《尚书·金縢》："无坠天之降宝命。"简文"保"字，在早期文字中常用为"宝"。宝训，指珍贵的训诫。《逸周书·文传》："呜呼！我身老矣！吾语汝，我所保与我所守，传之子孙。"简文此句整体是说文王久病不愈又感念年事已高，因而有坠失宝训之忧。

④ 简文"渷"字的隶定，从单育辰（2009），此字右下有合文符号，当释为"溃水"合文。溃，即《尚书·顾命》"甲子，王乃洮颒水"的"颒"（huì），文献中又常通作"靧"（huì），意思是洗面。

⑤ 竹书第二支简上半缺失，自"昧"字以下约缺十一字，文句衔接处可据上下文补"爽"与"王"二字。《说文》："昧爽，旦明也。"即天将亮未亮之时。

[王]若曰："发①，朕疾渐甚②，恐不汝及【二】训。昔前人传宝，必授之以诵③。今朕疾允病④，恐弗堪终⑤，汝以书【三】受之⑥。钦哉⑦！勿淫⑧！

① 发,为嗣君周武王之名,是文王宝训的受诰者。
② 简文"㱃"字,或以为该字从止,琼省声。从孟蓬生(2009)读为"渐"。渐,有"疾病加剧"的意思,《尚书·顾命》有"王曰:呜呼!疾大渐,惟几,病日臻",可与之对读。
③ 简文"訶"字,当读为"诵",与下文"以书受之"对举。《周礼·春官·大司乐》:"以乐语教国子兴、道、讽、诵、言、语。"郑玄注:"以声节之曰诵。"
④ 允,诚,确实。病,《说文》:"疾加也。"谓病情加重。
⑤ 简文"念"字,应读为"堪",意思是能够。终,终结、完成。
⑥ 汝以书受之,是说文王由于病重已经无法像前人一样对"宝训"进行背诵,只能将书于竹帛的实物传授给武王。如此一来,下文中文王所讲的舜和上甲微等人有关"中"的故事,也不应理解为"宝训"的具体内容,而是文王为表彰其重要性所做的阐发。
⑦ 钦,《尔雅·释诂》:"敬也。"钦哉,为《尚书》《逸周书》之习语,如《尚书·尧典》:"帝曰:'往,钦哉!'"《逸周书·武穆》:"钦哉!钦哉!余夙夜求之无射。"
⑧ 淫,意为放纵、享乐。周人向来反对过度淫逸,《尚书》中屡见"勿逸"一类的说法。

昔舜久作小人①,亲耕于历茅②,恭求中自稽③,厥志【四】不违于庶万姓之多欲④,厥有施于上下远迩⑤。乃易位设稽,测【五】阴阳之物⑥,咸顺不逆⑦。舜既得中,言不易实变名⑧,身兹服惟【六】允⑨。翼翼不懈⑩,用作三降之德⑪。帝尧嘉之,用授厥绪⑫。呜呼,祗之【七】哉⑬!

① 简文"旧"字,在楚简中经常读为"久",此处如果如字读,语义就会

与"昔"重复。舜曾有"久作小人"的处境,才使得他得"中"后能够保持谦逊,"言不易实变名""翼翼不懈,用作三降之德"。

② 简文"茅"字,原整理报告认为可通"丘",如此便可以与文献中"舜耕历山"的记载相呼应。然郭店简《唐虞之道》载"舜居于草茅之中",上博简《子羔》亦言"尧之取舜也,从诸草茅之中,与之言礼",都已经将舜与草茅联系起来。因此,所谓"历茅",应即历山之草茅。

③ 简文"悉"字,在此处应读为"恭"。求中自稽,依李零(2009)说连读。稽,考也。自稽,即自考、自省。关于"中"的内涵,学界有多种不同的看法,可参看刘丽(2018)的总结。从舜据之自省的是"厥志"来看,"中"恐非客观存在的具体事物,而作为思想观念的可能性最大。李学勤(2009a)将之与"中道"联系起来,是目前接受度最高的意见。恭求中自稽,意思是恭敬地求得中道以自省。

④ 庶万姓,指庶民百姓。《尚书·立政》:"式商受命,奄甸万姓。"欲,训"愿",指诉求。

⑤ 厥有,与前句"厥志"对照,"有"或可理解为舜掌握的财货。《诗经·大雅·公刘》:"爰众爰有。"朱熹《诗集传》:"有,财足也。"施,恩赐、恩惠。上下远迩,即四方远近。厥有施于上下远迩,大意是将自己的物资赠予四方远近之人。此句与"厥志不违于庶万姓之多欲",均是舜将自己的行为与"中道"比照的结果。舜熟谙"中道"的事迹,见于文献记载,并可与此句对读。《礼记·中庸》:"舜其大知也与!舜好问而好察迩言,隐恶而扬善,执其两端,用其中于民,其斯以为舜乎!"

⑥ 从简文来看,"易位设稽"是"测阴阳之物"的前期准备,"位"和"稽"当指观测天象阴阳的站点和设施。《尚书·尧典》载尧之时"乃命羲、和,钦若昊天,历象日月星辰,敬授民时",已经派人到四方对日月星辰的运转进行观测,与《保训》所述舜的事迹有相似之处。值得注意的是,简文描述舜之得"中"乃是通过"易位设稽,测阴阳之

物"获得的。天文历法是古代社会指导农业生产的"核心科技",前文说舜"久作小人,亲耕于历茅",必然掌握了一定的天文知识。早期哲学发生于自然,《保训》篇屡次称道的"中道"思想,很可能就是由舜从日月星辰的运转规律中总结而来的。

⑦ 咸顺不逆,指天象均顺遂而不违逆,或许就是"中道"的具体内涵。

⑧ 中国古代有名实之辩,《管子·九守》:"修名而督实,按实而定名。名实相生,反相为情。名实当则治,不当则乱。"

⑨ 身,指自身。服,职事。允,允当。按照本篇的理论,得"中道"者即可保有天下,但是舜得"中"后却"言不易实变名,身兹服惟允",是说他没有改变君臣之分,仍恪守原有的职事。

⑩ 翼翼,《尔雅·释训》:"恭也。"《诗经·大雅·大明》:"维此文王,小心翼翼,昭事上帝。"

⑪ 用,以。作,兴。关于"三降之德"的含义,学界多有说解。宁镇疆(2019)认为"三降之德"指的是舜的谦下之德,是最平允的意见。实际上,简文自"言不易实变名"至于此处,均是在讲舜得"中"后依然保持着谦卑的姿态。

⑫ 绪,《诗经·鲁颂·闷宫》"缵禹之绪"毛传:"业也。"此句的大意是帝尧嘉许舜的德行,把帝王之位传授给了他。《尚书·尧典》载尧舜禅让,曰舜于"正月上日,受终于文祖"。"终"与"中"音通,"受终"即"受中",与本篇的舜"求中""得中"可以合观。

⑬ 祗(zhī),《说文》:"敬也。"简文所用字形与三体石经古文"𥛐"相同。祗之哉,犹上下文之"钦哉""敬哉"。

昔微假中于河①,以复有易,有易服厥罪②。微无害③,乃续中于河④。【八】微志弗忘,传贻子孙,至于成汤,祗服不懈,

用受大命⑤。呜呼！发，敬哉！【九】

① 微，商先公上甲微，是汤的六世祖。河，河伯。殷墟卜辞商王所祀的河，有的常与王亥、上甲（微）合祭，而且祭祀常在辛日举行。假，借。简文在这里将抽象的"中道"具体化，因而上甲微可以从河伯处将其借得。
② 复，报复、复仇。服厥罪，即伏罪。上甲微、河与有易之间的史事，见《山海经·大荒东经》："有困民国，勾姓而食。有人曰王亥，两手操鸟，方食其头。王亥托于有易河伯仆牛。有易杀王亥，取仆牛。河念有易，有易潜出，为国于兽，方食之，名曰摇民。"郭璞注引《竹书纪年》曰："殷王子亥宾于有易而淫焉，有易之君绵臣杀而放之。是故殷上甲微假师于河伯，以伐有易，灭之，遂杀其君绵臣也。"与简文相较，梗概略同而细节稍异。
③ 微无害，指上甲微在战争中无所损害。在本篇看来，这都是由于对"中道"的加持。
④ 简文"遣"字的释读，是理解此句的关键点与难点。从字形来看，此字当与"僓"（yù）字声符相同，应从李锐（2015）读为"续"。续，义为继承、延续。续中于河，是说上甲微从河伯处继承了"中道"。
⑤ 志，记住。祗服，敬慎奉行。《尚书·康诰》："子弗祗服厥父事，大伤厥考心。"整句是说上甲微谨记"中道"不敢遗忘，将之传授给子孙后代，到了成汤这一世，能够恭敬奉行不敢懈怠，因而承受了天降下的大命。

朕闻兹不久①，命未有所延②。今汝祗服毋懈，其有所由矣③，丕【一〇】及尔身受大命④。敬哉！毋淫！日不足，惟夙

不永⑤。"【一一】

① 兹，指代的当即"中道"。朕闻兹不久，是说文王因受天之命而得悉"中道"的时间不算太久。"中道"虽由舜从天象中总结而来，但归根结底还是上天的指示。将知天之"中道"作为受天之"大命"的前提条件，是本篇所体现的思想观念的一大特色。
② 简文"次"（xián）字，读为"延"。命未有所延，是指文王的生命不能延续下去了。
③ 由，用也。有所由，即有所效用。
④ 简文"不"字，在此处当用为"丕"。
⑤ 简文"㑊"字，即"宿"的古字，在此处用为"夙夜"的"夙"，清华简《周公之琴舞》"夙夜不逸""夙夜不懈"即如此作。周人常感叹时间不多、光阴宝贵，除清华简《程寤》外，类似的话还见于《逸周书·大开》"维宿不悉，日不足"以及《小开》"宿不悉，日不足"。整理报告为了将简文与之趋同，把原简上的"羕"（yàng）读为"详"，认为其与"悉"同义。此字实为"永"的假借。实际上，《逸周书》的"宿"也应读为"夙"，而"悉"很可能是"羕"字的讹误，"夙不永"与"日不足"是一组相对的概念。

白话译文

在周文王的第五十年，王因身体有疾病而不安乐。王感念自己久病不愈、年事已高，担忧会坠失宝贵的训诫。于是在戊子这一天亲自洗面。到了己丑天将亮未亮之时……

王如是说:"发啊,我的病越发地严重了,恐怕来不及训诫你。从前的先人要传承宝训,必须以背诵的方式来授受。现在我的病实在是不断加重,恐怕不能最终完成(背诵),你就以书面形式接受这份宝训吧。恭敬吧!不要淫逸!

从前舜长期作小民,亲自在历山的草茅中耕种,恭敬地求得'中道'以自省,他的志向与百姓万民的诉求不违背,他的财货也都布施于四方远近之人。舜于是就设立了站点和设施,用来观测天象运转与阴阳变换,均顺遂而不违逆。舜既已得悉了'中道',却能够在言论上不改变名实,诚恳地履行原来的职事。他小心翼翼不敢懈怠,用以兴起谦下之德。帝尧嘉许他的德行,把天下大业传授给了他。呜呼,恭敬吧!

从前上甲微从河伯处借来了'中道',用以报复有易,有易因此伏罪。上甲微却毫发无损,于是就从河伯处继承了'中道'。上甲微谨记'中道'不敢遗忘,将之传授给子孙后代,到了成汤这一世,能够恭敬奉行不敢懈怠,因而承受了天降下的大命。呜呼!发啊,恭敬吧!

我听说'中道'的时间不太久,但是生命已经无法延续了。现在你要接替我恭敬奉行'中道',不要懈怠,一定会有所效用,以至于使你身受上天降下的大命。恭敬吧!不要淫逸!日间的时光总是不够的,夜间(凌晨)的时光也同样不能长久。"

原简释文

隹(惟)王牵=(五十)年,不瘳(豫)。王念日之多鬲(歷),恐(恐)述(墜)保(寶)訓。戊子,自浧=(靧水)。己丑,昚(昧)【一】

[爽]□□□□□□□□□。

[王]若曰："發，朕<朕>疾漸（漸）甚，忎（恐）不女（汝）及【二】訓。昔耇（前）人逋（傳）保（寶），必受（授）之以詞（誦）。今朕<朕>疾允瘖（病），忎（恐）弗念（堪）夂（終），女（汝）以箸（書）【三】受之。欽才（哉）！勿淫！

昔舜舊（久）复（作）尖=（小人），親勘（耕）于鬲（歷）茅，忎（恭）救（求）中自詣（稽），乎（厥）志【四】不諱（違）于庶萬眚（姓）之多欲，氏<乎（厥）>又（有）啟（施）于上下遠埶（邇）。廼（乃）易立（位）埶（設）詣（稽），測【五】会（陰）膓（陽）之勿（物），咸川（順）不諍（逆）。舜既㝵（得）中，言不易實弁（變）名，身兹備（服）隹（惟）【六】身（允）。翼=（翼翼）不解（懈），甬（用）乍（作）三墜（降）之悳（德）。帝尭（堯）嘉之，甬（用）受（授）氏<乎（厥）>緒。於（嗚）虐（呼），禼（祇）之【七】才（哉）！

昔党（微）叚（假）中于河，以返（復）又=易=（有易，有易）怀（服）氏<乎（厥）>辠（罪）。党（微）亡（無）萬（害），廼（乃）遣（續）中于河。【八】党（微）寺（志）弗忘，逋（傳）詒（貽）孫=（子孫），至于成康（湯），禼（祇）備（服）不解（懈），甬（用）受大命。於（嗚）虐（呼）！發，敬才（哉）！【九】

朕<朕>餌（聞）兹不舊（久），命未又（有）所次（延）。今女（汝）禼（祇）備（服）母（毋）解（懈），亓（其）又（有）所虘（由）矣，不（丕）【一○】及尔（爾）身受大命。敬才（哉）！母（毋）淫！日不足，隹（惟）佲（夙）不羑（永）。"【一一】

74

传世文本资料

惟四月哉生魄，王不怿。甲子，王乃洮颒水，相被冕服，凭玉几。乃同召太保奭、芮伯、彤伯、毕公、卫侯、毛公、师氏、虎臣、百尹、御事。

王曰：呜呼！疾大渐，惟几，病日臻。既弥留，恐不获誓言嗣，兹予审训命汝。昔君文王、武王宣重光，奠丽陈教，则肄肄不违，用克达殷集大命。在后之侗，敬迓天威，嗣守文武大训，无敢昏逾。今天降疾，殆弗兴弗悟。尔尚明时朕言，用敬保元子钊弘济于艰难。柔远能迩，安劝小大庶邦。思夫人自乱于威仪，尔无以钊冒贡于非几。

[《尚书·顾命》（部分）]

参考文献

李零（2009）：《读清华简〈保训〉释文》，《中国文物报》2009年8月21日。

李锐（2015）：《〈楚辞·天问〉上甲微事迹新释》，《史学史研究》2015年第3期。

李学勤（2009a）：《周文王遗言》，《光明日报》2009年4月13日。

李学勤（2009b）：《论清华简〈保训〉的几个问题》，《文物》2009年第6期。

刘丽（2018）：《清华简〈保训〉集释》，中西书局，2018年。

孟蓬生（2009）：《〈保训〉"疾渐甚"试解》，复旦大学出土文献与古文字研究中心网站，2009年7月10日。

宁镇疆（2019）：《由帛书〈易传·缪和〉解〈谦〉卦申论清华简〈保训〉的"三降之德"》，《中原文化研究》2019年第5期。

单育辰（2009）：《佔毕随录之十一》，复旦大学出土文献与古文字研究中心网站，2009年8月3日。

封 许 之 命

解 题

《封许之命》原由李学勤负责整理,图版与释文注释均收入《清华大学藏战国竹简(伍)》中。

该篇竹书简长约44厘米,宽约0.65厘米,由三道编绳编联。从简背的序号来看,全篇原应有九支竹简。该篇刊布时未见第一、四两简,第三、七、八、九四简上端也有不同程度残缺。随着整理工作的不断深入,整理小组又在未公布的竹简中发现了第四支简,使得该篇的内容逐渐明晰起来。

篇题"封许之命"题于第九简背面下部,需要注意的是,此四字的笔迹与正文有着显著的不同,或许说明篇题乃是藏书者拟写。

《封许之命》的内容是周成王对吕丁侯于许的册命。"册命"是"书"类文献中一种重要的门类,见于百篇《书序》的《肆命》《原命》《旅巢命》《微子之命》《贿肃慎之命》《冏命》《蔡仲之命》《分器》等,从篇名上来看都是对诸侯、王臣的册命与封赏。由于流传中的不断散佚,《尚书》中可靠的"册命"文本只剩下《文侯之命》一篇,而清华简中重新发现的《封许之命》以及《傅说之命》《摄命》等,则大大丰富了我们对"册命"文献的认识。

吕丁为姜姓的吕氏,《说文·叙》称他为吕叔,与封齐的太公望吕尚当有一定关系。许国之封,过去学者以为在周武王时,但本篇简文对于始封之君吕丁曾辅佐的文王、武王都用其谥号,证明分封是在成王之世,更可能是在成王亲政后不久的时候,否则吕丁的年纪就会太大了。

成王在这篇册命中先历数了文王、武王的丰功伟绩以及吕丁在彼时的作为,接下来又分封吕丁在许国为侯并继续为周室服务。简文除了载有成王册命吕丁时的训诰,还罗列了对他的赏赐,以前的文献对赏赐物从没有记载得如此详细,使得该篇对于研究商周时期的名物和赏赐制度也有重要价值。

简文校释

……①【一】越在天下②。故天观之无斁③,尚振厥德④,膺受大命,畯尹四方⑤。则惟汝吕丁⑥,肇右文王⑦,毖光厥烈⑧。【二】

① 本篇第一支简缺失,根据"册命"类文体的通例,篇首可能记有时间、地点、佑者以及"王若曰"等语。另据第二支简描述的是文王之德来看,第一支简的后半应该也提到了文王事迹。
② 越,发语词。类似的句式见于《尚书·酒诰》"越在外服""越在内服"。简文"越在天下"的主语应为文王,盖从上支简连读。越在天下,犹《尚书·立政》"其克诘尔戎兵,以陟禹之迹,方行天下",清

华简《四告》"以讨征不服,方行天下",所称颂的应是文王的赫赫武功。

③ 简文"䚈"字,整理报告原读为"劝",考虑到此句的主语为天,不如读为"观"贴切。天帝在天上可观察下土之人的德行,如《诗经·大雅·皇矣》:"皇矣上帝,临下有赫。监观四方,求民之莫。"清华简《皇门》"先王用有观,以宾佑于上",也应如此理解。至于简文"乍"字,整理者已指出其为"亡"字之误。亡斁(dù),即"无斁",屡见于《诗经》《尚书》与西周金文,马楠(2015)认为意思都是"无败"。

④ 向,读为"尚",崇尚。《论语·宪问》:"君子哉若人!尚德哉若人!"简文"䐉"字,整理者原读为"纯",现据学界意见改释为"振"。《史记·夏本纪》:"日严振敬六德。"《孟子·滕文公上》:"放勋曰:'劳之来之,匡之直之,辅之翼之,使自得之,又从而振德之。'""尚"与"振"在简文中都是指上天对文王德行的肯定。

⑤ 简文"昂"字,在金文中常写作从"田"之形,此处讹为从"日"。"畯尹四方"的说法见于西周金文大克鼎(《集成》2836)和五祀胡钟(《集成》385),"畯"字一般读为"骏"(jùn),陈致(2014)则主张直接读为"允"。

⑥ 吕丁,据简文为许国始封之君。《说文·叙》:"吕叔作藩,俾侯于许。"杜预《世族谱》:"许,姜姓,与齐同祖,尧四岳伯夷之后也。周武王封其苗裔文叔于许。"文叔,《汉书·地理志上》颍川郡注作"太叔",简文吕丁当即其人,但据简文其受封实晚于武王时。另有学者认为《逸周书·世俘》中的"吕他"就是简文的"吕丁"。

⑦ 肇,始,是西周金文中的普遍用法,可参看朱凤瀚(2000)的相关总结。"右"在简文中写作"橐",形体较为复杂,此字考释还有疑议。但从西周时期的相关文例来看,"肇右文王"的读法还是最通畅

的，是对吕丁佐佑文王之功的追述。"文王"二字在简文中写作合文"玟"，不加合文符号，与大盂鼎同。本篇中多数表示人物的合文都没有用合文符号。

⑧ 懋（bì），《说文》："慎也。"光，《诗经·大雅·韩奕》郑玄笺："犹荣也。"

武王司明刑①，厘厥猷②，祗事上帝，桓桓丕敬③，严将天命④。亦惟汝吕丁，扞辅武王⑤，干敦殷纣⑥，咸成商邑⑦。【三】

① 第三支简首字原有残缺，有学者将之补为"珷"，即"武王"合文，可从。简文从此处到"严将天命"，讲的是武王的功绩。

② 厘，《尚书·尧典》孔传："治也。"猷（yóu），《尔雅·释诂》："谋也。"又《释言》："图也。"

③ 桓（huán）桓，《尚书·牧誓》孔传："武貌。"简文"苟"字，应读为"敬"。

④ 严，《礼记·学记》郑玄注："尊敬也。"将，《诗经·周颂·我将》郑玄笺："犹奉也。"

⑤ 简文"旱"字，读为"扞"（hàn），护卫。《尚书·文侯之命》："汝多修，扞我于艰。"

⑥ 干，《说文》："犯也。"敦，有攻伐之义。《逸周书·世俘》："武王遂征四方，凡憝国九十有九国。"简文"殷受"即"殷纣"，《尚书·无逸》作"殷王受"。

⑦ 咸，《说文》："悉也。"成，《国语·楚语上》韦昭注："犹定也。"清华简《祭公之顾命》："克夹绍成康，用毕成大商。""毕成大商"中的"大商"，又称"大邑商"，与"咸成商邑"同。

[今在]余小子①，余惟申文王明刑②，非敢荒怠③，畏天之棐沈④，册羞哲人⑤，审民之若否⑥。今朕永念乃勋【四】，命汝侯于许⑦。汝惟壮耆尔猷⑧，虔恤王家，简乂四方不宾⑨，以勤余一人⑩。

① 余小子，成王自谦之称。成王在前文中追述了文王、武王的伟业和吕丁先后辅佐文、武时的功绩，在这里又讲到了自己的执政理念和对吕丁的期许。类似的叙事结构在"书"类文献中经常可以见到，如《君奭》《多士》《多方》、清华简《祭公之顾命》以及西周金文逨盘、史墙盘等。简首的两个缺文，据文例或可补为"今在"，有如《君奭》"今在予小子旦"。

② 简文"繟"字，贾连翔（2020）已指出可能是"繥"字的讹形，应读为"申"。申，有重申之义，西周金文中常见"申先王命""肇申先王命"等语。

③ 简文"鬯"（chàng）字，上部从匕，是承袭自甲骨文的古老写法。此字应从贾连翔（2020）读为"荒"，"荒怠"见于《礼记·哀公问》"荒怠敖慢"以及中山王䁗壶（《集成》9735）"严敬不敢怠荒"。

④ 简文"非"字，应读为"棐"（fěi）。其后之"沘"字，从两水中间从心，根据黄德宽（2020）的研究，类似的形体均应视作"湛（沈）"的异体。天之棐沈，又见于清华简《廼命二》，同于《尚书·大诰》"天棐忱辞""越天棐忱"、《康诰》"天畏棐忱"、《君奭》"若天棐忱"，《诗经·大雅·荡》"天生烝民，其命匪谌"，等等。过去的注家均以"天命无常不可信"来解释，从新材料中的"沈"字均从水来看，"天之棐沈"可能是指天命的沉沦。

⑤ 册，册命。羞，进献。哲人，即贤哲之人。册羞哲人，即通过册命向上天推荐贤人。在周人的观念中，辅佐天子治理土地人民的高等级王

臣也要与王共受天命，而他们被天帝认识、起用的途径则是册命仪式上王的推介。

⑥ 简文"甚"字，从贾连翔（2020）读为"审"，意为审查、审视。至于"不"字，则应读为"否"。若否，即好或坏。民之若否，犹如毛公鼎（《集成》2841）"上下若否"、中山王鼎（《集成》2840）"知天若否"、《诗经·大雅·烝民》"邦国若否"。

⑦ 简文"鄦"字，后世作"许"。《说文》："鄦，炎帝太岳之胤，甫侯所封，在颍川。"侯于许，即至许国为侯，相同的句例见于麦方尊（《集成》6015）"王命辟邢侯出坉，侯于邢"。

⑧ 简文"壯"字，单育辰（2017）读为"壮"，并将"耆"训为"强"，可从。《诗经·小雅·采芑》："方叔元老，克壮其猷。"《左传·昭公二十三年》："不懦不耆。"杜预注："懦，弱也。耆，强也。"

⑨ 简文"柬"字，整理报告读为"简"。简，《尔雅·释诂》："大也。"逨盘（《新收》757）有"谏乂四方"句，与简文相近。张富海（2019）认为"柬"与"谏"均是"敕"的讹写，在这里作动词，与"乂"同义，或可备为一说。简文"斌"字，表示持戈跪献而臣服，白于蓝（2018）认为这个字就是"宾服"的"宾"字。简乂四方不宾，大概与清华简《四告》记载的成王时"讨征不服"所表达的意思相近。

⑩ 勤，《国语·晋语二》韦昭注："勤我，助我也。"类似的用法见于毛公鼎（《集成》2841）"助我一人"，清华简《周公之琴舞》"享会余一人"、《祭公之顾命》"付畀余一人"，《尚书·吕刑》"奉我一人"，等等。

赐汝苍圭、秬鬯一卣，路【五】车①，葱衡、玉环、鸾铃、素旂、朱旐②。元马四匹③，攸胁④、毯锡⑤、罗缨⑥、钩膺⑦、纂緣⑧、杚⑨。赠尔荐彝⑩：鬣【六】□縢觽⑪、龙鬲⑫、瑈⑬、罐⑭、钲⑮、𦉢⑯、勺、盘、鉴、鎣⑰、罌⑱、雕禁⑲、鼎、簋、䰞、卣、格⑳。"

① 圭、鬯与路车是王的常规赏赐。《诗经·大雅·江汉》："釐尔圭瓒，秬鬯一卣。"毛公鼎："赐汝秬鬯一卣，祼圭瓒宝。"《诗经·大雅·崧高》载申国之封，"王遣申伯，路车乘马""赐尔介圭，以作尔宝"。

② 葱衡，市上玉饰，见《礼记·玉藻》。"玉"下一字，整理者疑系"睘（环）"字之讹。毛公鼎、番生簋均有"葱黄（衡）"和"玉环"。朱筓，石小力（2015）认为即见于曾侯乙简的"朱旃（zhān）"，与"素旂（qí）"一样也是一种旗帜。以上这些名物应该都是路车的装饰品。

③ 元，有学者指出应从下读。元马四匹，就是四匹大马。

④ 攸胁，即金文中常见的"攸勒"。《诗经·小雅·蓼萧》有"鞗（tiáo）革"，毛传："鞗，辔（pèi）也；革，辔首也。"此处的"胁"与"勒"，吴振武指出是同义换读的关系。

⑤ 简文"䙛"字，马楠（清华读书会2015）指出从"禹"，是正确的意见。毾䙛，是一种毛织品。许可（清华读书会2015）认为是一种鹿类动物的皮毛制品，用于覆盖马身。

⑥ 罗，即縠（hú），见《淮南子·齐俗》高诱注。罗缨，应即樊缨。

⑦ 钩膺（yīng），见于《诗经·大雅·崧高》《韩奕》、《小雅·采芑》以及毛公鼎等，是常相匹配的两种赏赐物。钩，即"娄颔之钩"。膺，罗小华（2019）认为是缨环。

⑧ 纂（zuǎn），《说文》："似组而赤。"《淮南子·齐俗》高诱注："绘也。"綷，整理报告原读为"弁"（biàn），认为是马冠。陈剑（2015）指出此字应读为"緣"。纂緣，据罗小华（2019）考证为纺织品制作的

马髦饰。"纂絲"与"钩膺""攸肋""毼毦""罗缨"一样,都是马身上的装饰物。

⑨ 简文"匿"字,读为"柅"(nǐ)。《周易·姤卦》:"系于金柅。"正义引马融云:"柅者,在车之下,所以止轮令不动者也。"柅附属于车马,故简文列于车马器之中。

⑩ 荐,《尔雅·释诂》:"进也。"又:"陈也。"荐彝,即祭祀献神的礼器。

⑪ 此四字暂未能识,当是器物之名。麗,子居(2015)认为是"盏",结合字形来看有一定可能性。

⑫ 龙鬲,可能是指上有龙形纹饰的鬲。

⑬ 琏(liǎn),《论语·公冶长》有"瑚琏",即簠。

⑭ 鑵(guàn),酒器,出土青铜器中有自名为"饮鑵"的觯。

⑮ 钲(zhēng),整理者认为不应为军用乐器,疑读为同属耕部的"盨"。青铜器自名为"盨"的有春秋时的晋公盨(《集成》10342),是一种盆形容器。

⑯ 简文"耉"字,有学者读为"厹"(jǐn),与其下的"勺"均为挹取器。

⑰ 鎣(yīng),《说文》:"器也。"出土西周青铜器自名为"鎣"者是一种盉。

⑱ 罂是一种酒器,有学者认为与壶有关。

⑲ 简文"匲"字,有学者读为"禁",可从。禁,是一种承托酒具的铜器。雕禁,指有雕镂纹饰的禁,目前出土的青铜禁,多是带雕镂的。

⑳ 格,指置放器物的皮架,故列于诸器之下。

王曰:"呜呼,丁,戒哉!余既监于殷【七】之不若,图恫在忧①,靡念非常②。汝亦惟就章尔虑③,祗敬尔猷,以永厚

周邦④，勿废朕命，经嗣【八】世享。"【九】

① 简文"童"字，当从王宁（2015）读为"恸"，义为哀伤。简文"囝"字，内部所从即"巿"字。此字整理报告疑读为"稚"，我们认为似可读为"圂"（hùn），"巿"与"豕"都是脂部字，作为声符有换用的可能。与"圂恸在忧"类似的话，有清华简《摄命》的"咸圂在忧"一句，"圂"有困圉的意思。
② 靡，《尔雅·释言》："无也。"非常，即《尚书·吕刑》"明明棐常"之"棐常"。
③ 简文"鄩"字，子居（2015）读为金文中常见"申就乃命"的"就"，甚是。就，亦有"申"的意思。就章尔虑，谓申就、彰显你的谋思。
④ 永厚，见于清华简《祭公之顾命》："后稷之受命是永厚。"

白话译文

……（文王的功绩）在于天下四方。由此上天观察到文王的行为无可挑剔，并崇尚他的德行，便使他承受天之大命，掌管四方的土地与人民。此时是你吕丁，开始佐助文王，敬慎地光大文王的威烈。

武王能够很好地掌管、运用明刑，并且善于梳理对军国大事的图谋，恭敬地侍奉天帝，威武且敬慎，尊敬地奉行天命。此时又是你吕丁，捍卫、辅佐武王，攻伐、剿灭商纣王，完全平定商人都邑。

现在到了我这个年轻小子即位，我只有发扬文王的明刑，不敢荒废、怠慢，敬畏天命的沉沦，通过册命向上天引荐贤人，审视民生安康与否。现在我深切感念你的功勋，命你到许国为侯。你要加强你的谋略,虔诚地忧恤王室,广泛整治四方的不服之人,以襄助我一人。

赐给你苍圭、一卣秬鬯,路车,以及葱衡、玉环、鸾铃、素旂、朱旆等车具。四匹大马,以及攸勒、辔鞘、罗缨、钩膺、篡鞣、枙等车马器。赠予你祭祀献神的礼器:釂□脙觥、龙纹的鬲、珹、罐、钲、盉、勺、盘、鉴、鍪、罡、雕镂的禁、鼎、簋、觥、卤、格。"

王说:"呜呼,丁啊,要戒慎啊!我已经观察到了商人的不善之行,困囿、哀恸于忧虑中,不去顾念不符合伦常的事情。你也要申就、彰显你的谋思,恭敬地施展你的策略,以使我们周邦永远厚大,不要荒废我的命令,子孙后嗣世代享有。"

原简释文

……【一】雩(越)才(在)天下。古(故)天蘿(觀)之乍<亡>(無)臭(斁),向(尚)脣(振)氒(厥)惪(德),雁(膺)受大命,晃(畯)尹三(四)方。則隹(惟)女(汝)吕丁,庫(肇)枽(右)玟(文王),詘(愍)光氒(厥)剌(烈)。【二】

琉(武王)司明型(刑),蓳(蠻)氒(厥)猷,翯(祗)事帝(上帝),趆=(桓桓)不(丕)苟(敬),嚴塑(將)天命。亦隹(惟)女(汝)吕丁,漙(扞)桶(輔)琉(武王),玟(干)敦殷受(紂),咸成商邑。【三】

[今在]畬(余)尐=(小子),畬(余)隹(惟)緇<繩(申)>玟=(文王)明型(刑),非敢曽(荒)饲(怠),毄(畏)天之非(棐)沝(沈),册䍃折(哲)人,甚(審)民之若不(否)。今朕永念乃惯(勛)【四】,命女(汝)侯于鄦(許)。女(汝)隹(惟)垫(壯)奢尔(爾)猷,虔(虔)血(恤)王豙(家),柬(簡)胼(乂)三(四)方不釟(賓),以堇(勤)

余丁（一人）。

易（賜）女（汝）倉（蒼）珪（圭）、巨（秬）鬯一卣，敃（路）【五】車，璁（蔥）玩（衡）、玉奢<睘（環）>、繺（鸞）鈴（鈴）、索（素）旂、朱斧（斨）。元馬三（四）匹，攸勒（靳）、毳毷、羅綏（緌）、鉤雁（膺）、篡（篆）絥（縠）、匧（柲）。贈尔（爾）鷹（薦）彞：斸【六】□脵觓、龍盨（匜）、繡（璉）、蘁（罐）、鉦、考（甹）、弓（勺）、盤、監（鑑）、鐩（鋈）、亞、周（雕）匚（禁）、鼎（鼎）、盨（簋）、釖（觥）、韜（卣）、怠（格）。"

王曰："於（嗚）虖（呼），丁，戒才（哉）！余既監于殷【七】之不若，囗（圖）童（慟）才（在）惪（憂），林（靡）念非尚（常）。女（汝）亦佳（惟）賣（就）章尔（爾）遠（慮），脩（祗）敬尔（爾）猷，以永厚周邦，勿瀵（廢）朕命，經嗣【八】枼（世）言（享）。"【九】

[一][一背]二【二背】　三【三背】　四【四背】　五【五背】　六【六背】　七【七背】　八【八背】　九　誺（封）鄦（許）之命【九背】

传世文本资料

　　王若曰：父义和！丕显文、武，克慎明德，昭升于上，敷闻在下，惟时上帝集厥命于文王。亦惟先正克左右昭事厥辟，越小大谋猷罔不率从，肆先祖怀在位。

　　呜呼！闵予小子嗣，造天丕愆，殄资泽于下民，侵戎，我国家纯。即我御事，罔或耆寿，俊在厥服，予则罔克。曰：惟祖惟父，其伊恤朕躬。呜呼！有绩予一人，永绥在位。父义和！汝克昭乃显祖，汝肇刑文、武，用会绍乃辟，追孝于前文人。汝多修，捍我于艰，若汝，予嘉。

王曰：父义和！其归视尔师，宁尔邦。用赉尔秬鬯一卣；彤弓一，彤矢百；卢弓一，卢矢百；马四匹。父往哉！柔远能迩，惠康小民，无荒宁。简恤尔都，用成尔显德。

(《尚书·文侯之命》)

参考文献

白于蓝（2018）：《释"妭"》，《语言科学》2018年第4期。

陈剑（2015）：《〈清华简（伍）〉与旧说互证两则》，复旦大学出土文献与古文字研究中心网站，2015年4月14日。

陈致（2014）：《"允""畎""畯"试释》，《饶宗颐国学院院刊》创刊号，中华书局（香港）有限公司，2014年。

程浩（2016）：《〈封许之命〉与册命"书"》，《中国典籍与文化》2016年第1期。

黄德宽（2020）：《清华简新见"湛（沈）"字说》，《清华大学学报（哲学社会科学版）》2020年第1期。

黄凌倩（2016）：《清华伍〈厚父〉〈封许之命〉集释》，安徽大学硕士学位论文，2016年。

贾连翔（2020）：《〈封许之命〉缀补及相关问题探研》，《出土文献》2020年第3期。

罗小华（2019）：《说钩膺——兼论"罗缨""纂绤"及其他》，《考古与文物》2019年第3期。

骆珍伊（2015）：《试说〈封许之命〉的"武王司明型"》，复旦大学出土文献与古文字研究中心网站，2015年7月10日。

马楠（2015）：《〈诗毛传〉指瑕四则》，《中国经学》第十六辑，广西师范大学出版社，2015年。

清华大学出土文献读书会（清华读书会2015）：《清华简第五册整理报告补正》，清华大学出土文献研究与保护中心网站，2015年4月8日。

单育辰（2017）：《〈清华大学藏战国竹简（伍）〉释文订补》，《战国文字研究的回顾与展望》，中西书局，2017年。

石小力（2015）：《清华简（伍）〈封许之命〉所载"朱旃"考》，武汉大学简帛网，2015年4月12日。

王宁（2015）：《读〈封许之命〉散札》，复旦大学出土文献与古文字研究中心网站，2015年4月28日。

张富海（2019）：《"敕"字补说》，《讹字研究论集》，中西书局，2019年。

朱凤瀚（2000）：《论周金文中"肇"字的字义》，《北京师范大学学报（人文社会科学版）》2000年第2期。

子居（2015）：《清华简〈封许之命〉解析》，清华大学出土文献研究与保护中心网站，2015年7月16日。

竹简图版

《命训》正面

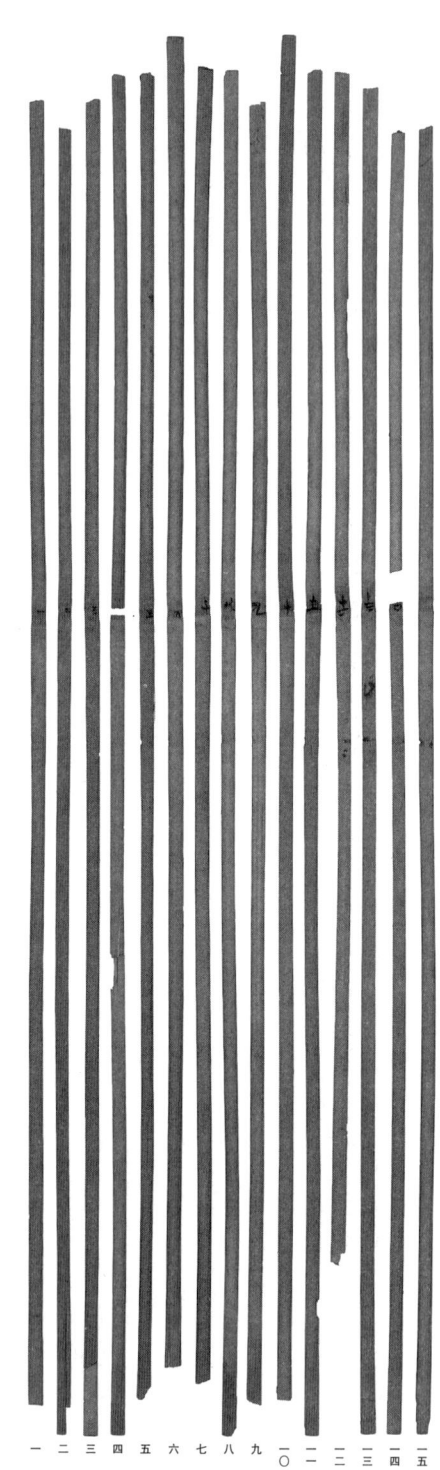

《命训》背面

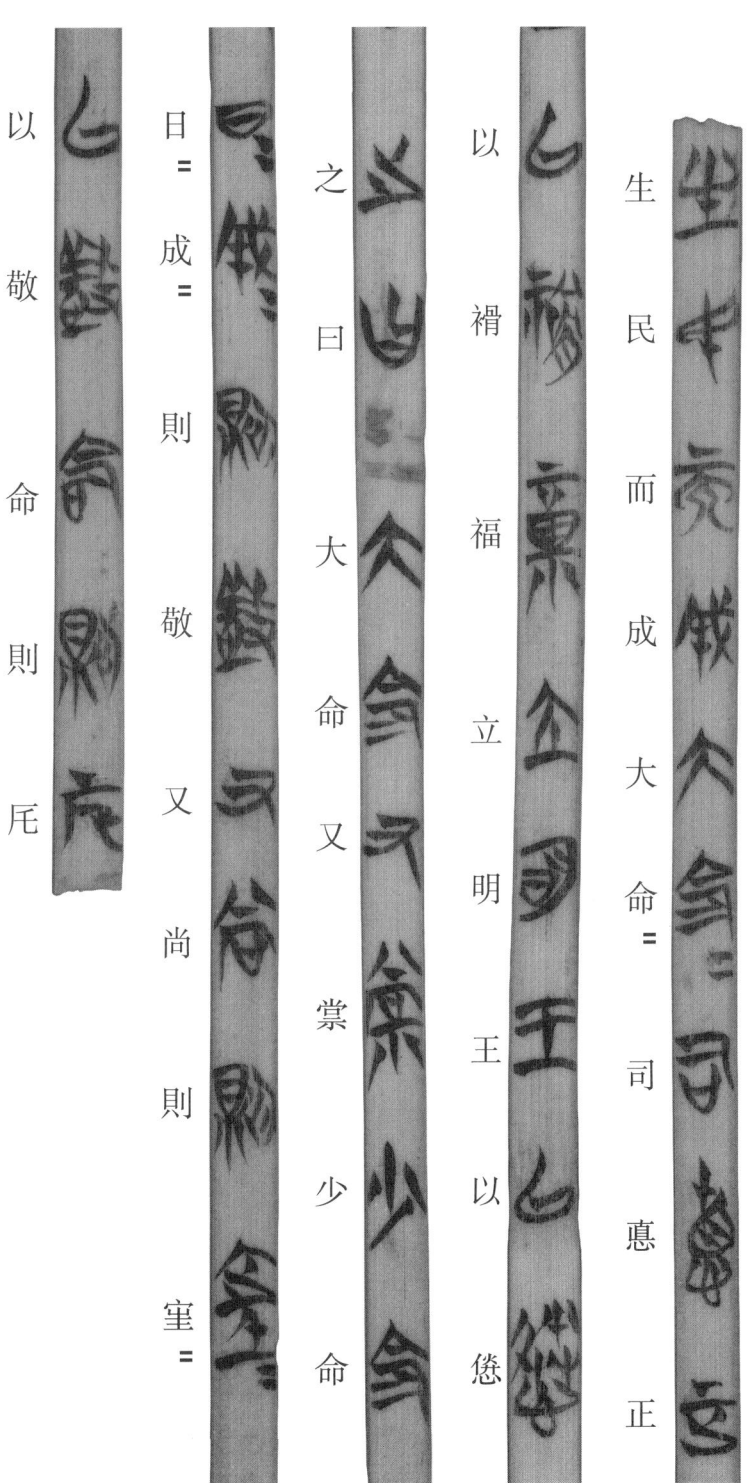

《命训》简一

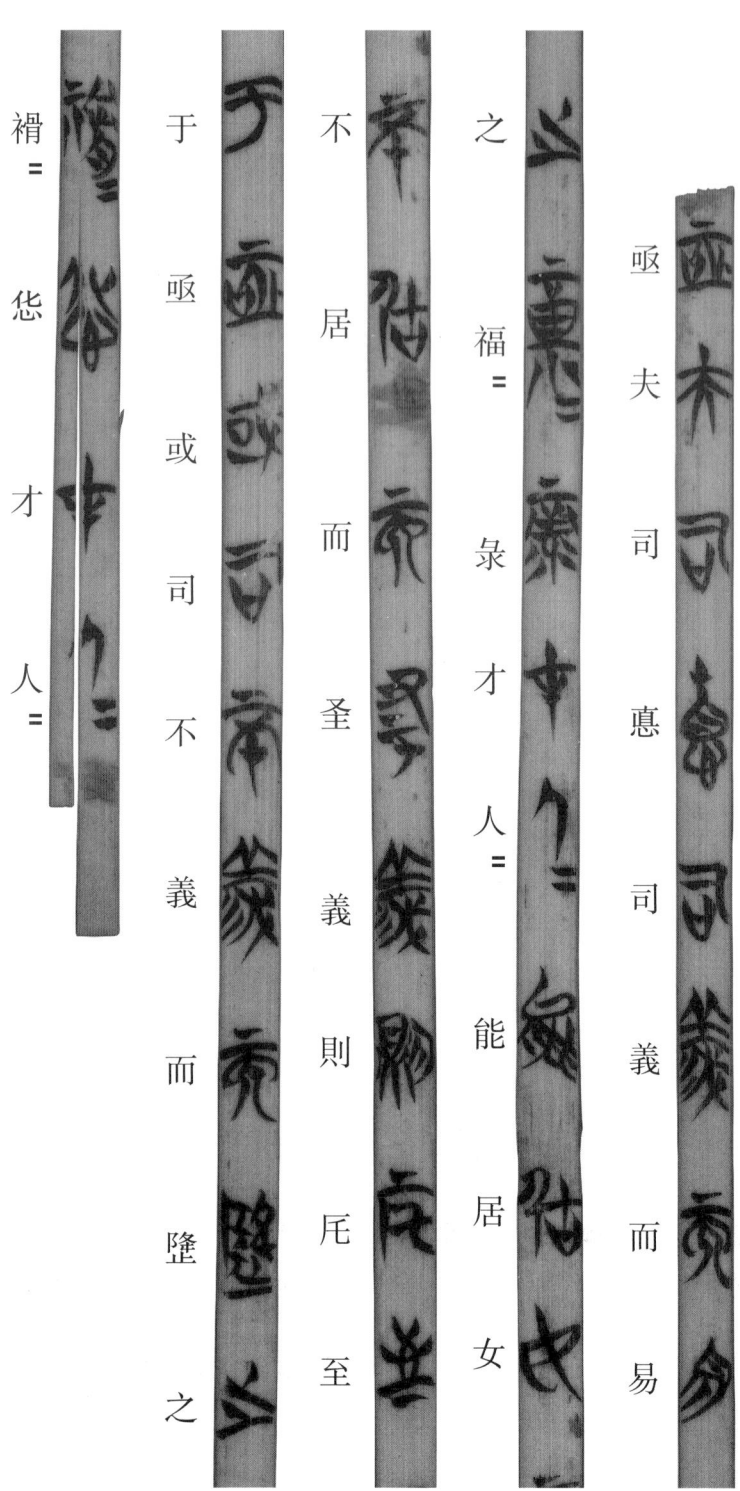

讴夫司惠司义而易
之福=录才人=能居女
不居而圣义则凥至
于讴或司不义而隆之
禣=佁才人=

《命训》简二

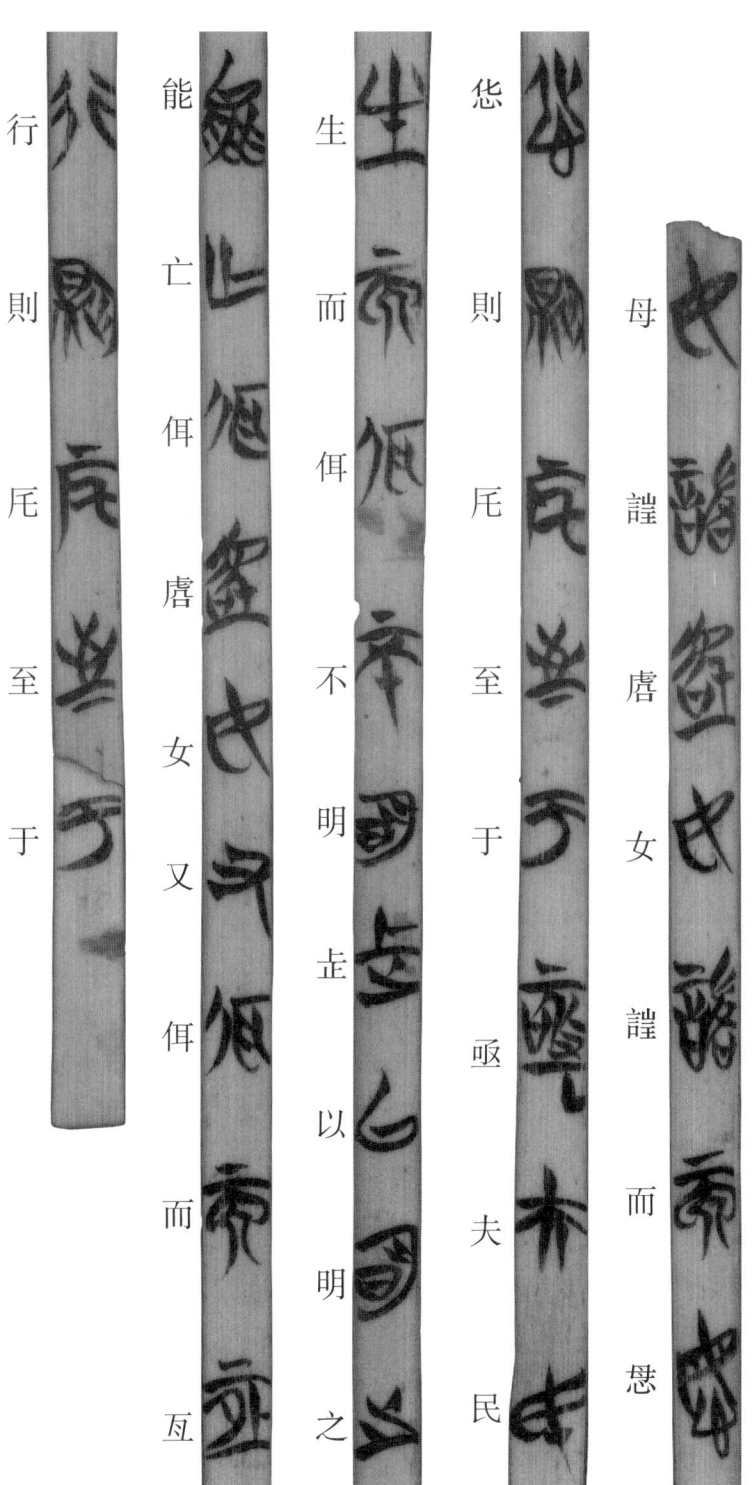

行則戾至于

能亡偶虐女又偶而互

生而偶不明走以明之

怂則戾至于亚夫民

母謹虐女謹而愍

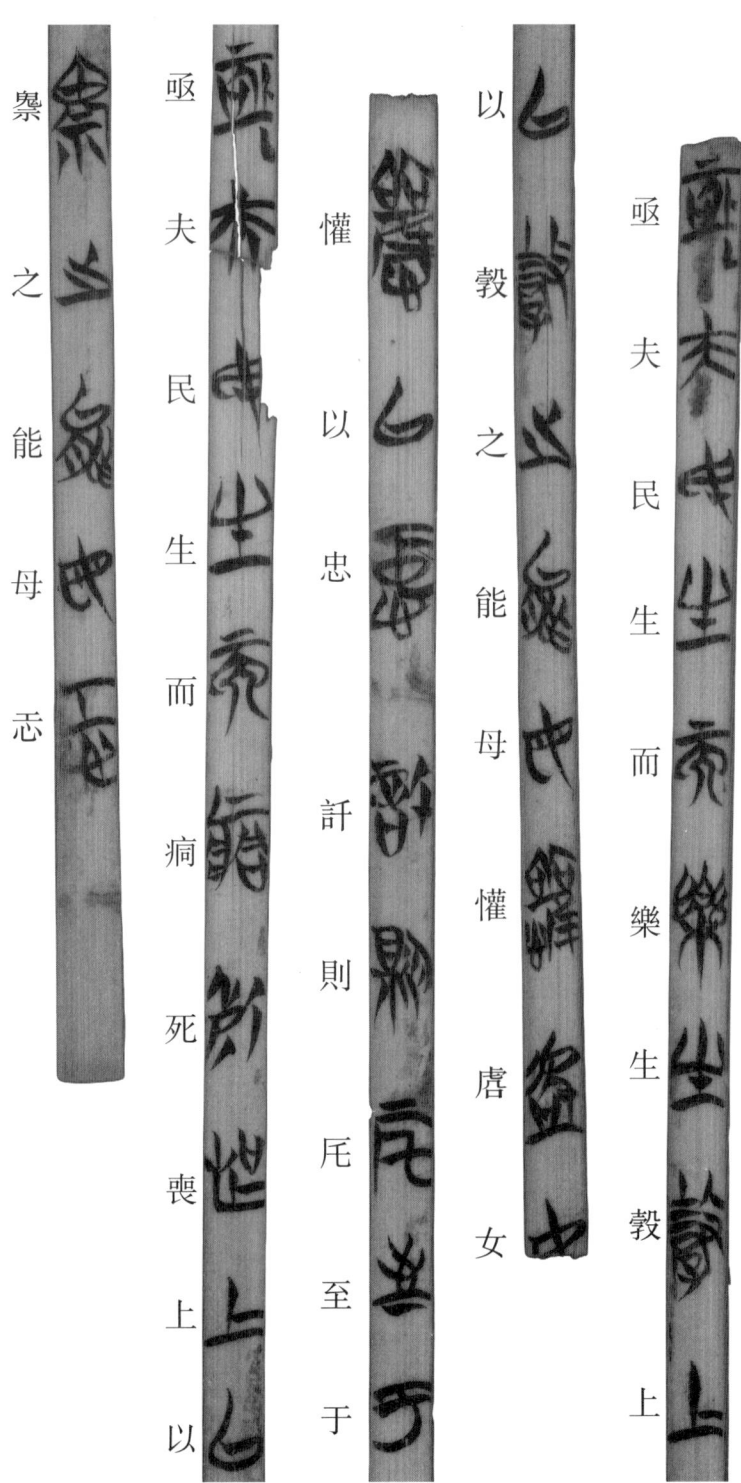

夫民生而樂生毀

夫之能母懽（歡）唐（喪）女（汝）

以毀之能母懽唐（喪）

懽以忠訐則𣄪（夷）至于

夫民生而痌（痛）死喪上以

𣄪之能母忐

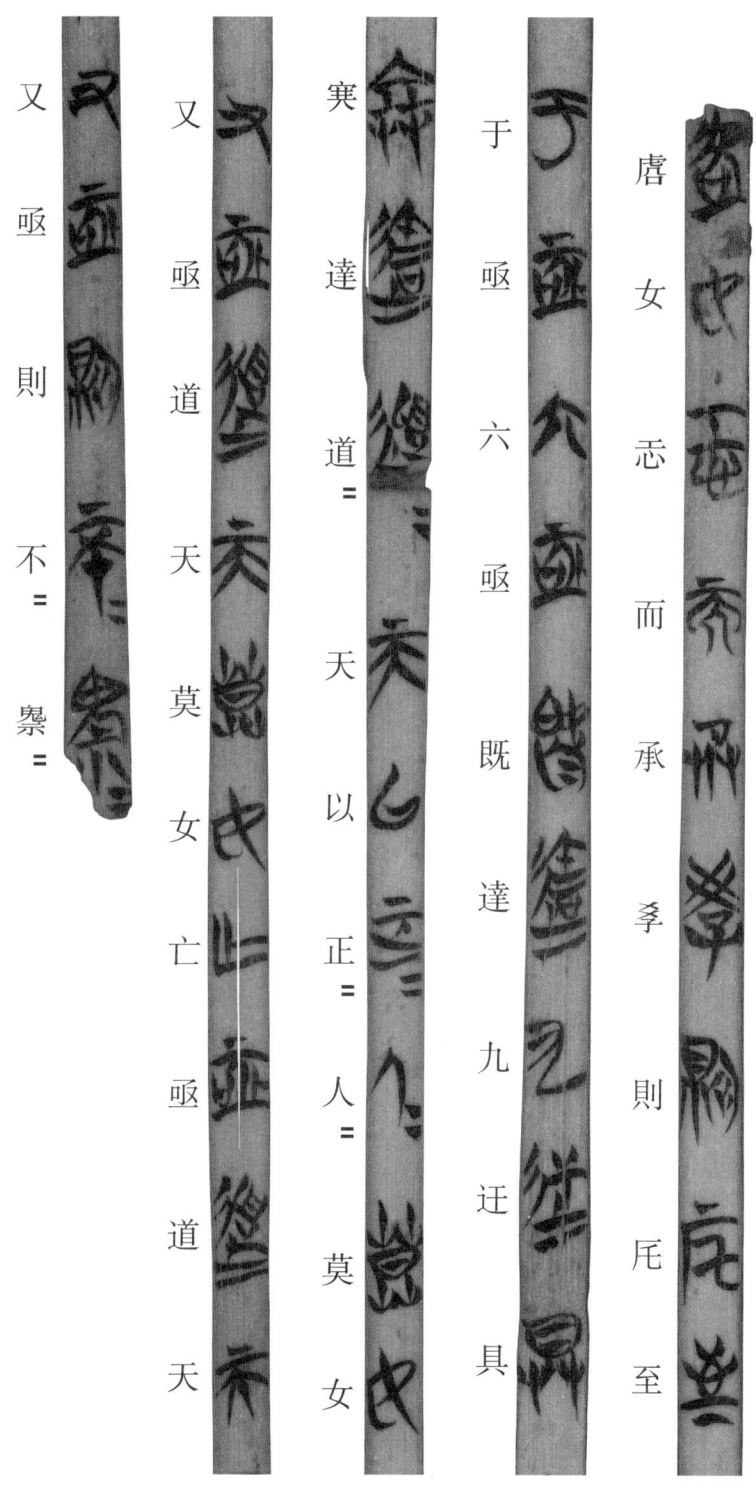

虐女志而承孚則尼至

于亞六亞既達九迁具

寒達道=天以正=人=莫女

又亞道天莫女亡亞道天

又亞則不=睪=

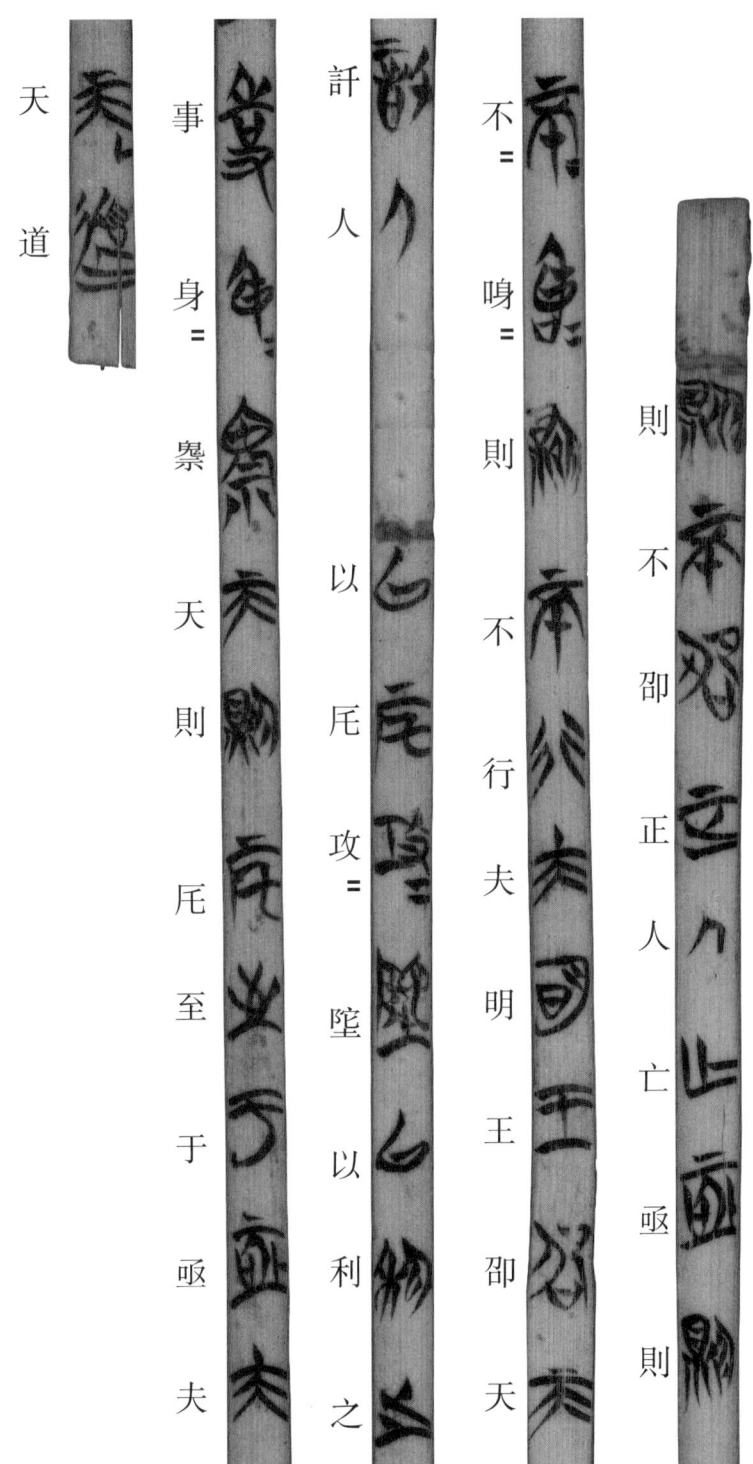

則不卲正人亡亟則

不=則不行夫明王卲天

訐人以丐攻=陞以利之

事身=槔天則丐至于亟夫

天道

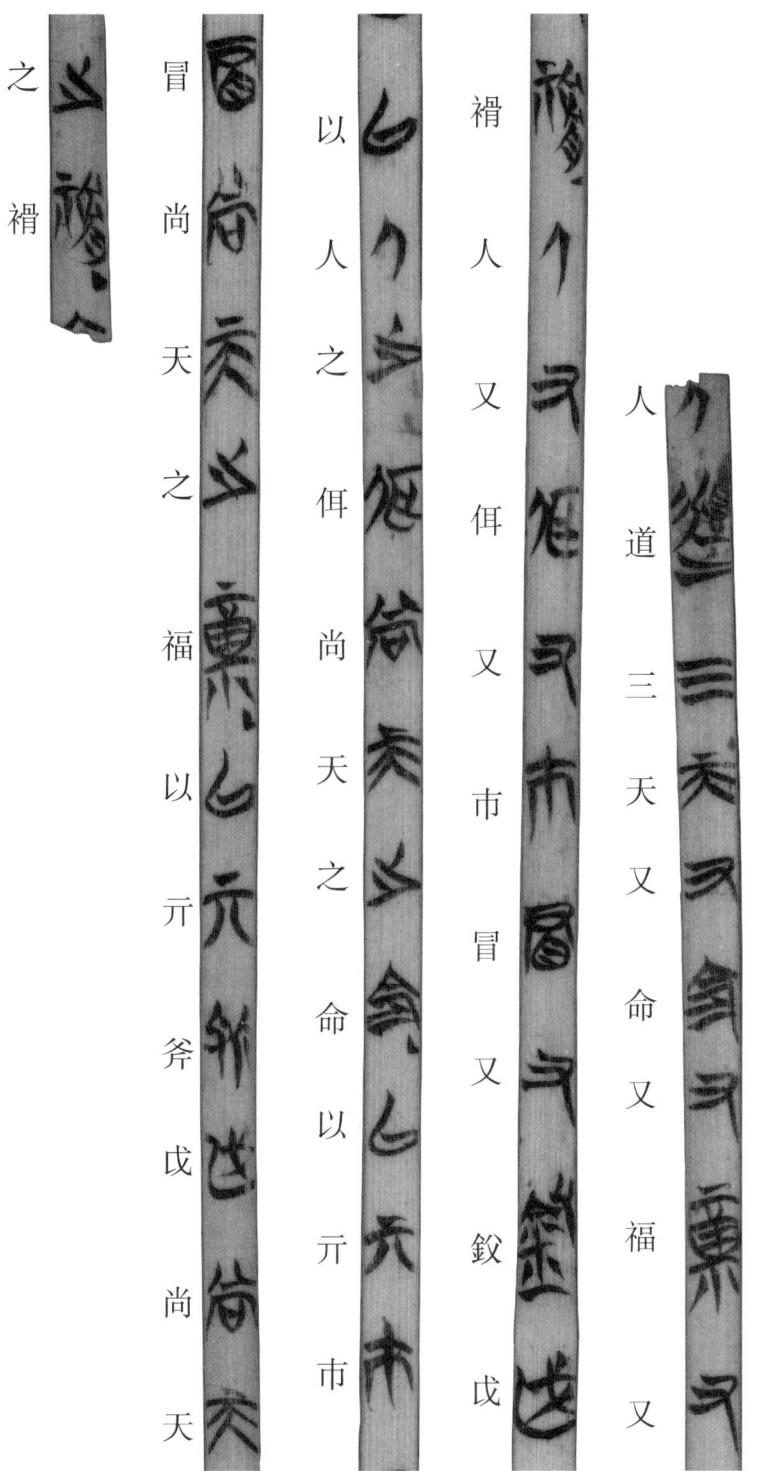

《命训》简七

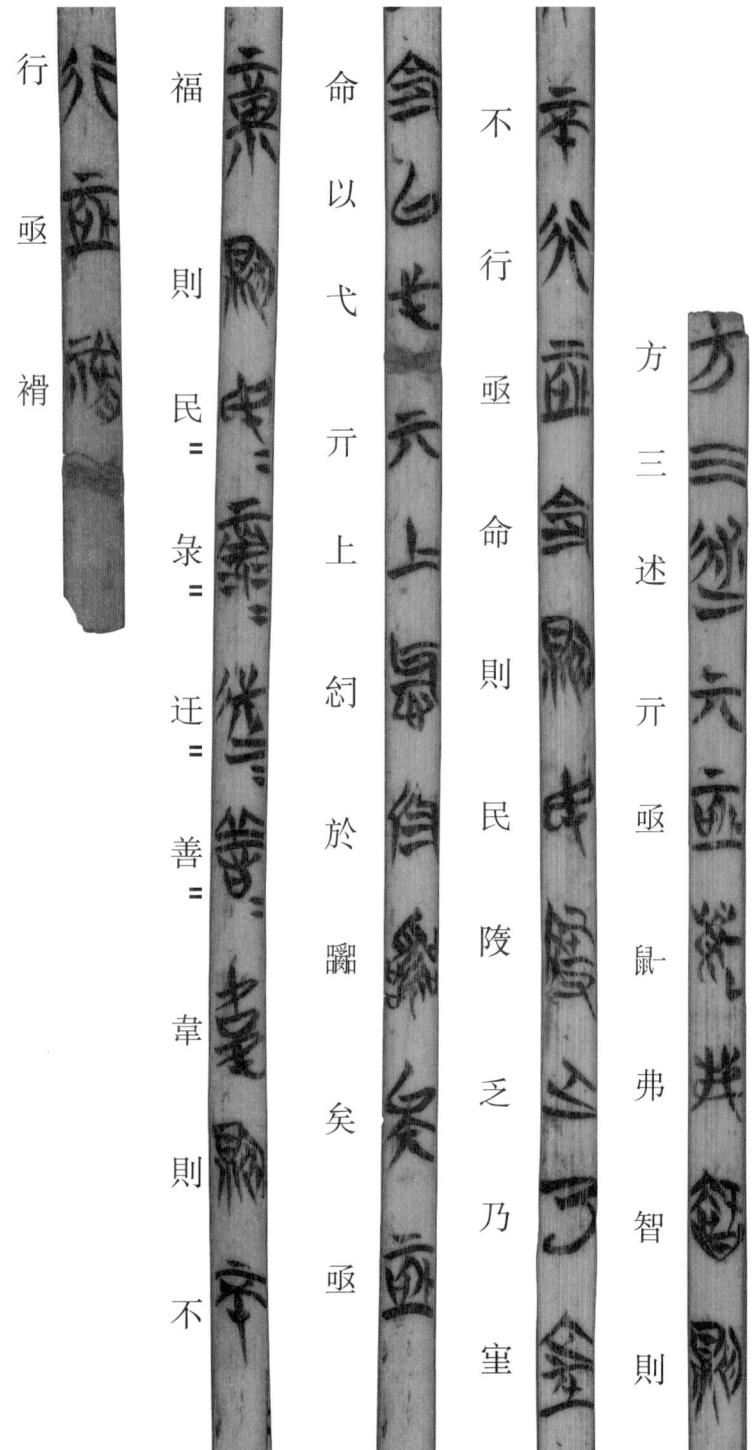

方三述亓㡭鼠弗智則
不行㡭命則民陵乏乃宭
命以弋亓上訟於嗣矣㡭
福則民=录=迁=善=韋則不
行㡭褐

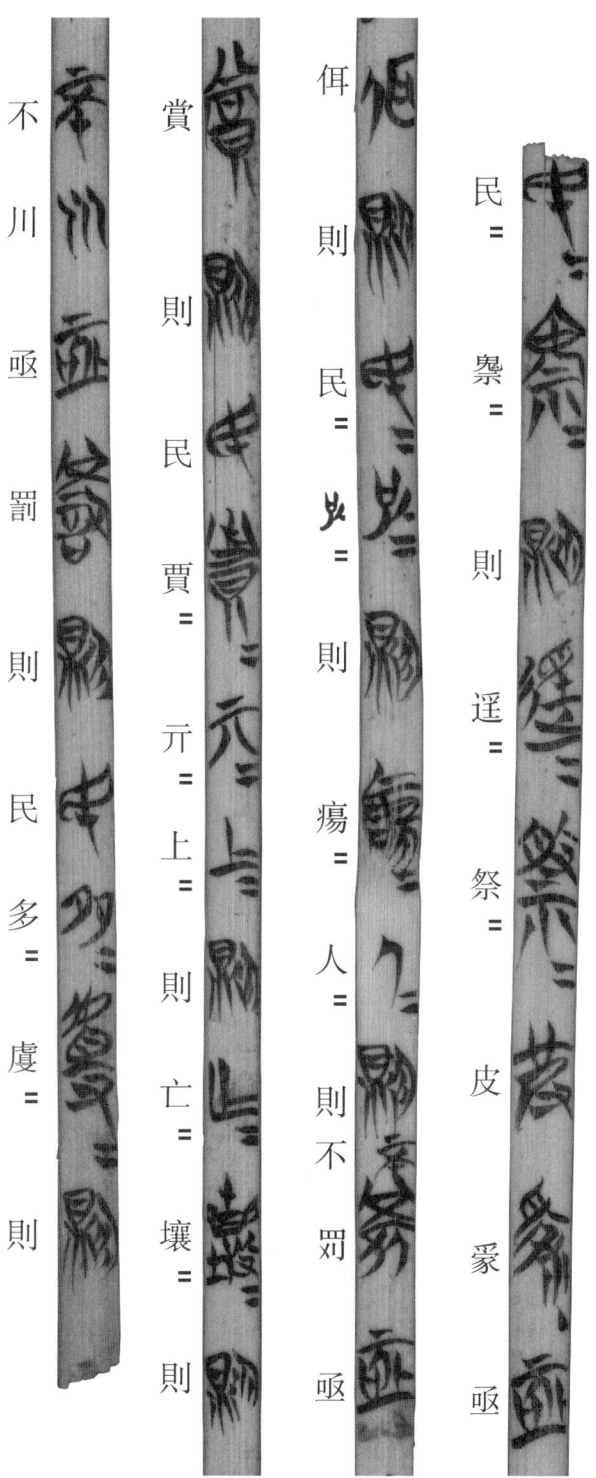

不川亟罰則民多=虞=則

賞則民賈=亓=上=則亡=壤=則

伮則民=㠯=則瘍=人=則不罰亟

民=喿=則遙=祭=皮豕亟

《命训》简九

不=忠=則亡遑凡畀六者正之所鈞天古邵命以命力曰大命殜罰少命=身福莫大於行褵莫大於遙祭俚大於行褵莫大於遙祭俚莫大於

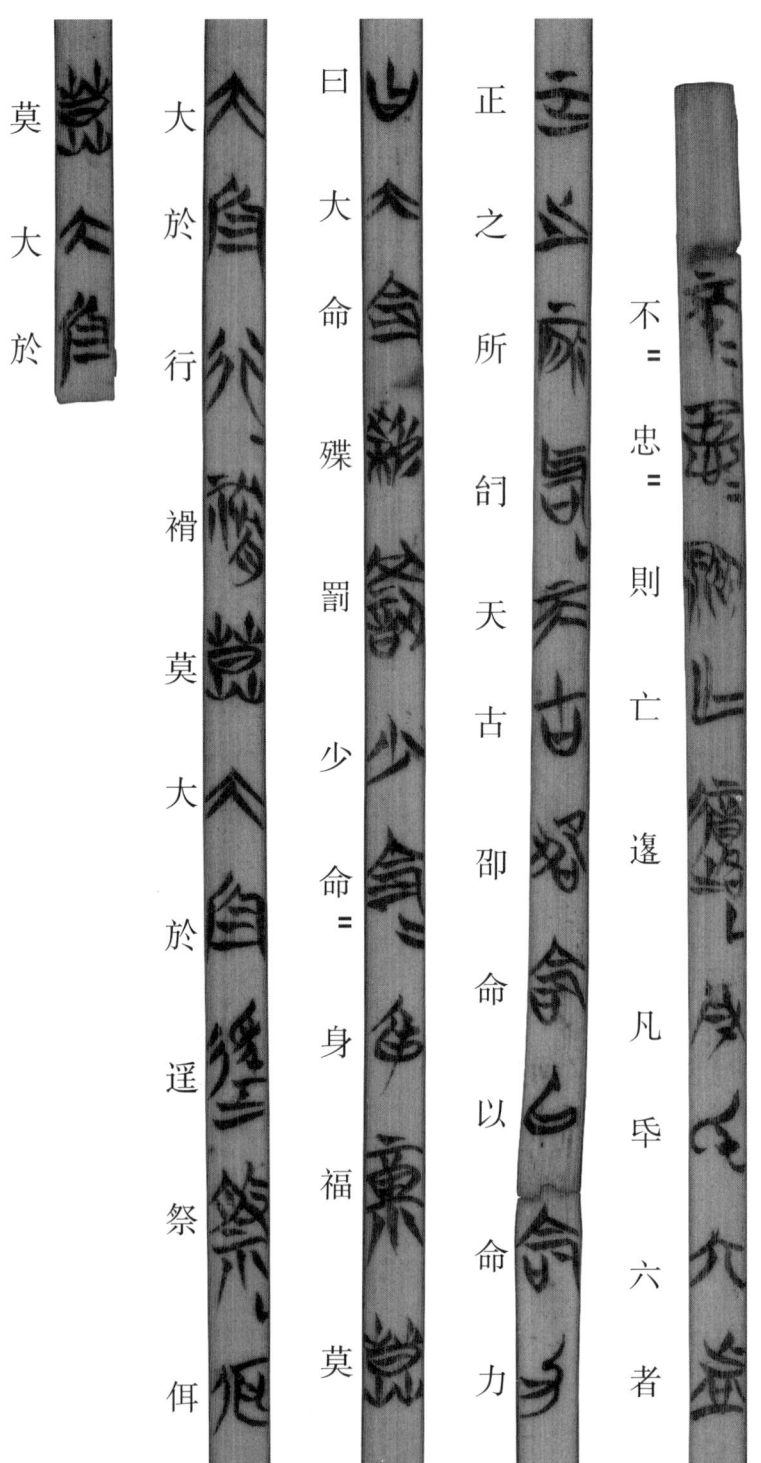

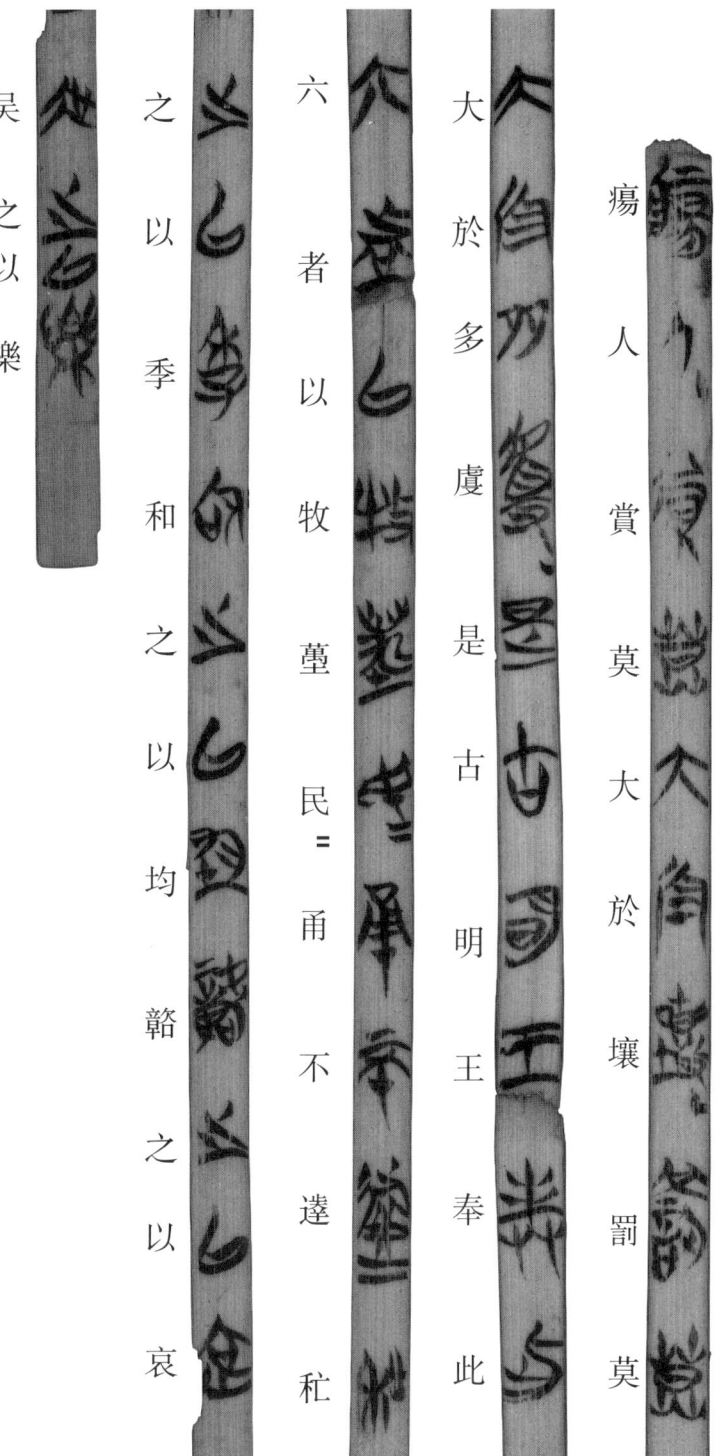

吴之以樂

之以季和之以均韽之以哀

六者以牧薑民=甬不逵秕

大於多虞是古明王奉此

瘍人賞莫大於壤罰莫

《命训》简十一

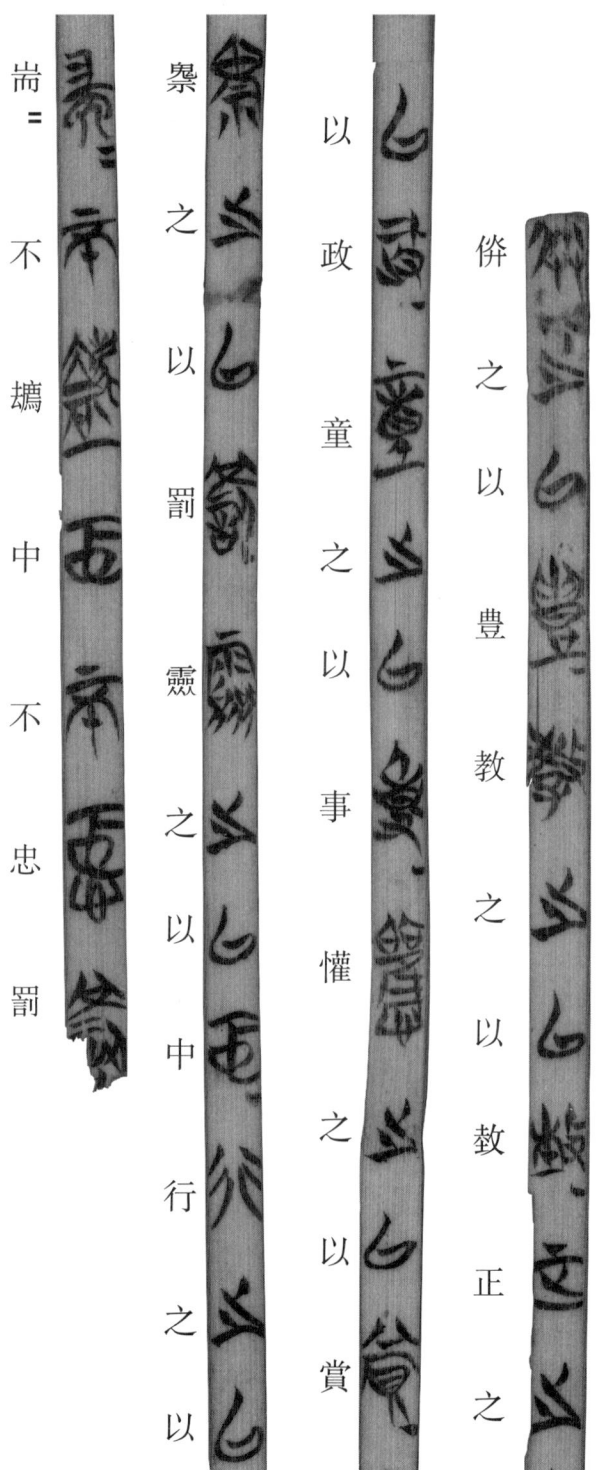

俈之以豊教之以教正之以政童之以事懽之以賞禜之以罰霝之以中行之以崇=不巟中不忠罰

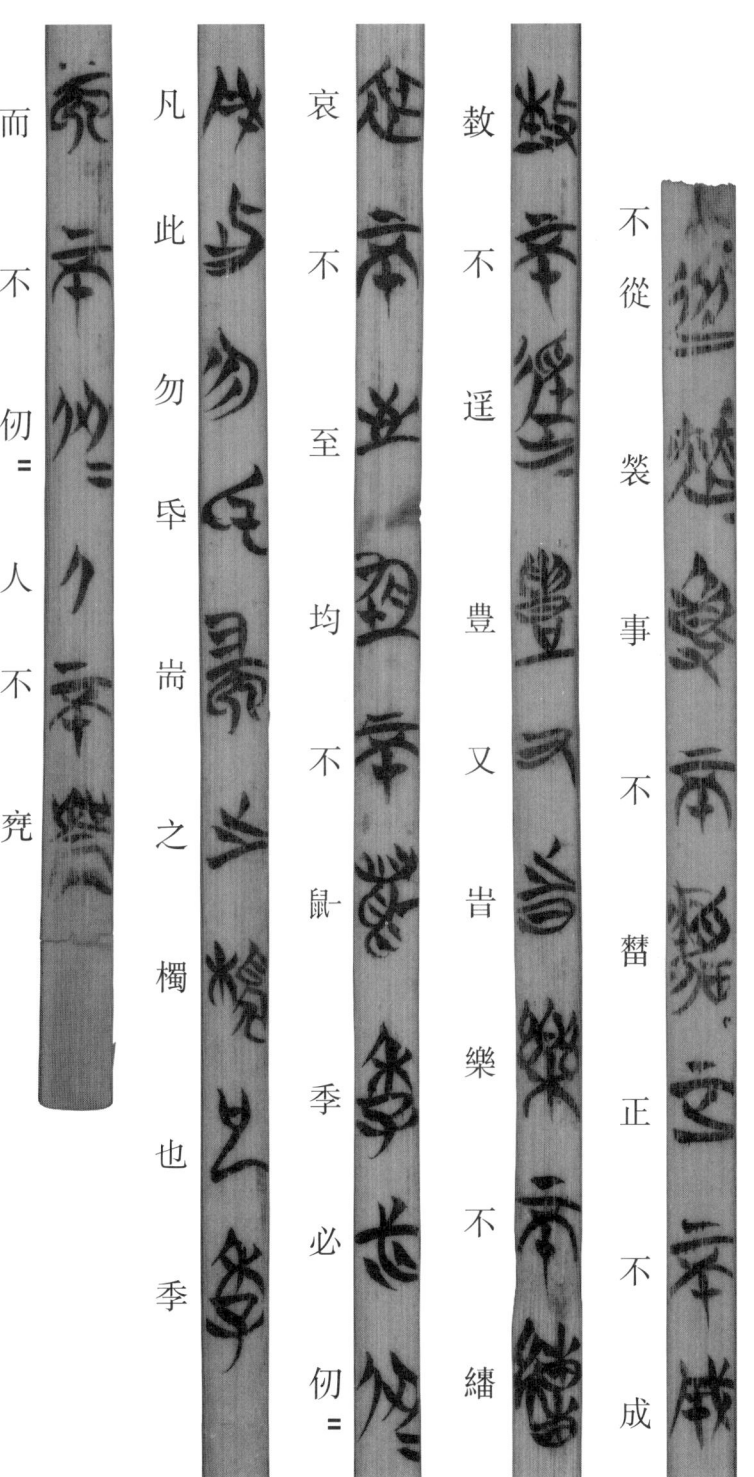

不從褻事不嘼正不成

致不遙豐又豈樂不繡

哀不至均不鼠季必仞=

凡此勿㽙㟋之櫩也季

而不仞=人不旡

不智死均一不和哀至則貴

樂繡則亡豊

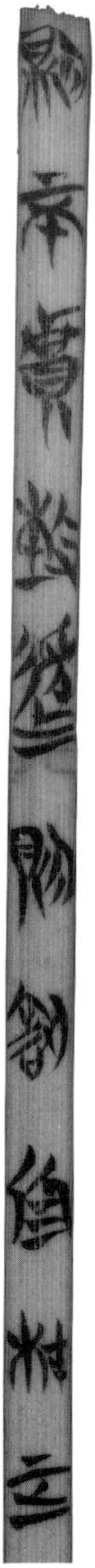

則不貴敘遥則割於材正

成則不長事蠹則不攻以賞

從裳=而不至以

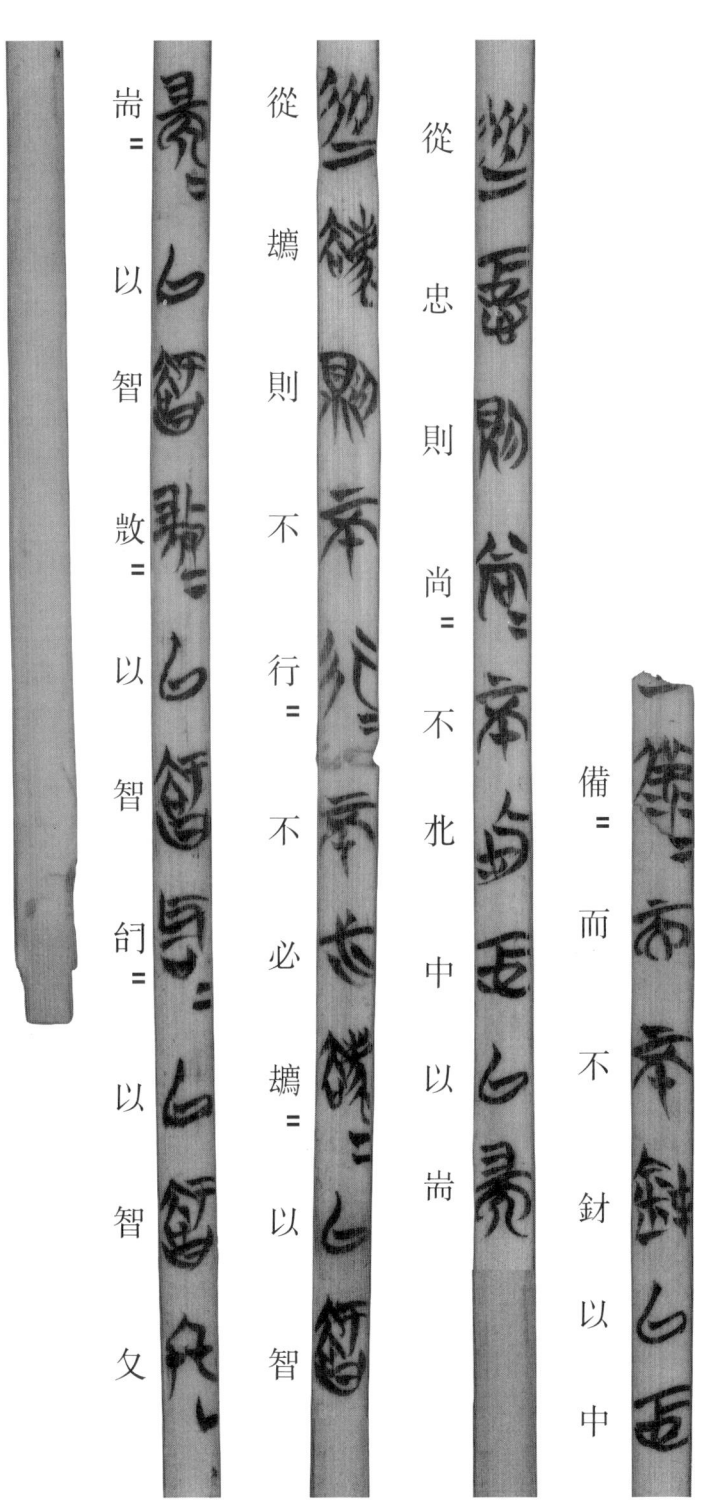

崇=以智敓=以智訇=以智攵
從攄則不行=不必攄=以智
從忠則尚=不北中以崇
備=而不釙以中

《命训》简十五

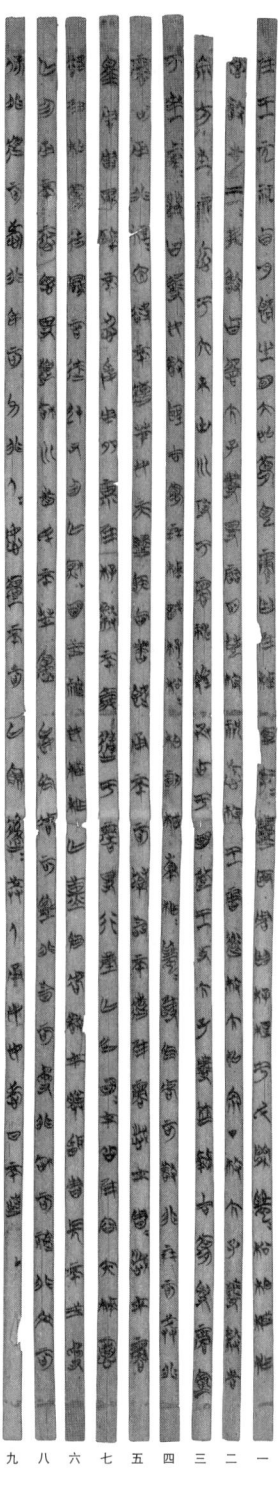

《程寤》正面

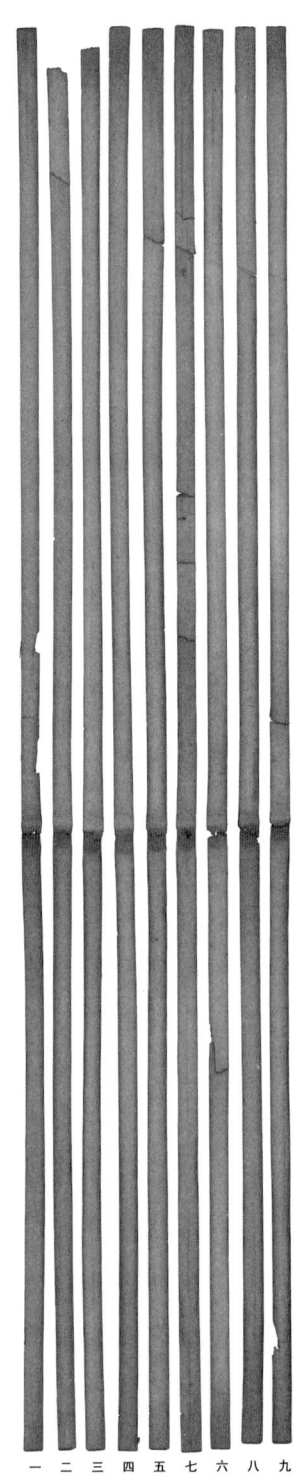

《程寤》背面

松柏棫柞

釐取周廷杍桓于邳開㠯=

朗大姒夢見商廷隹梌廼㝱=

隹王元祀貞月既生

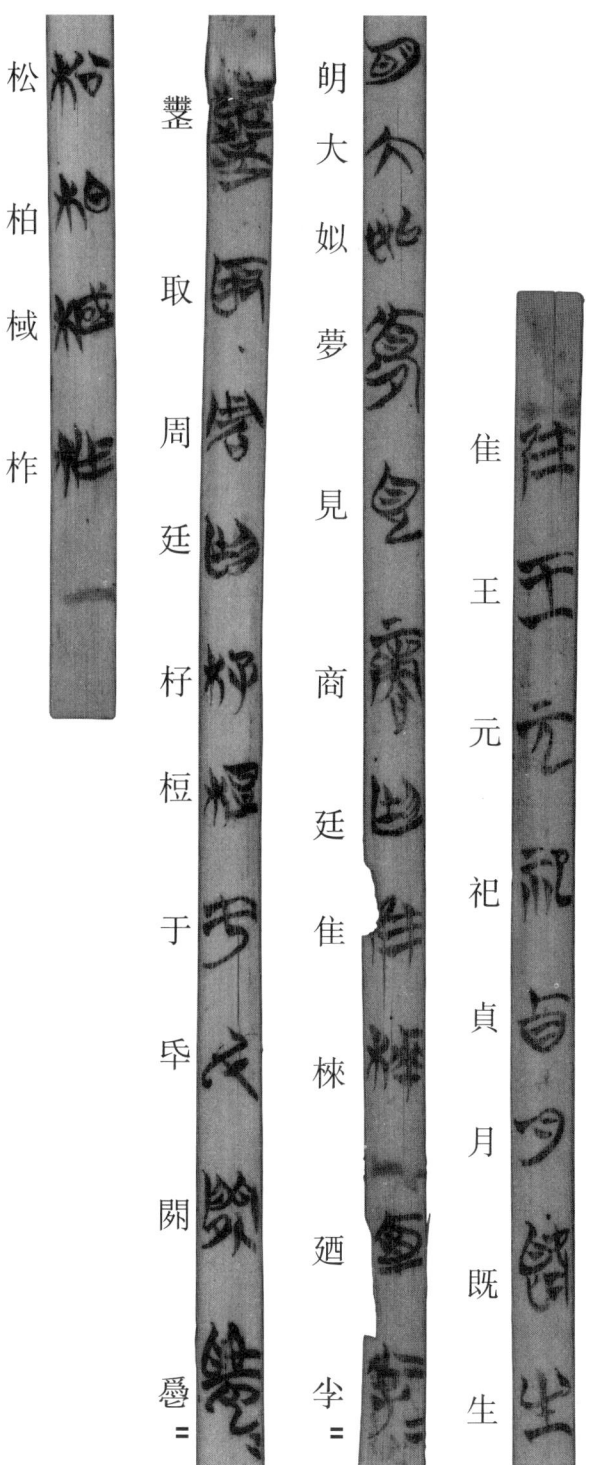

《程寤》简一

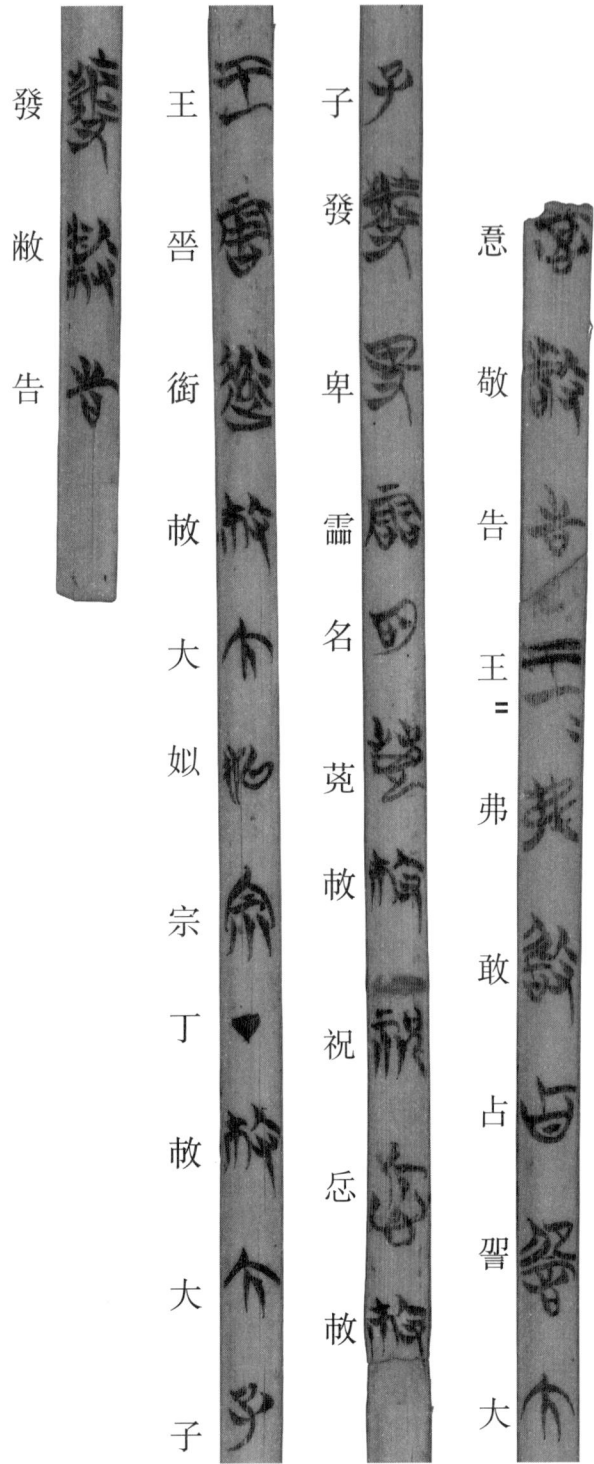

悥敬告王=弗敢占習大

子發卑霝名菀敢祝忢敢

王晉銜敢大姒宗丁敢大子

發敓告

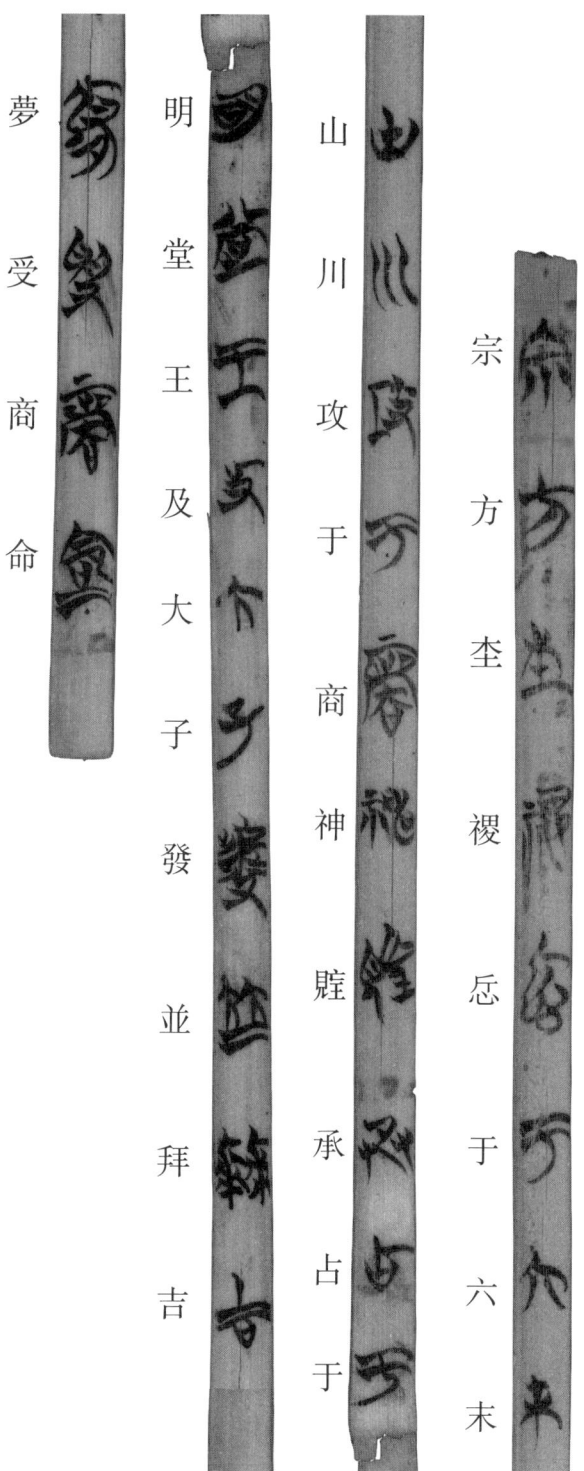

夢受商命

明堂王及大子發並拜吉

山川攻于商神賝承占于

宗方杢襈忢于六末

《程寤》簡三

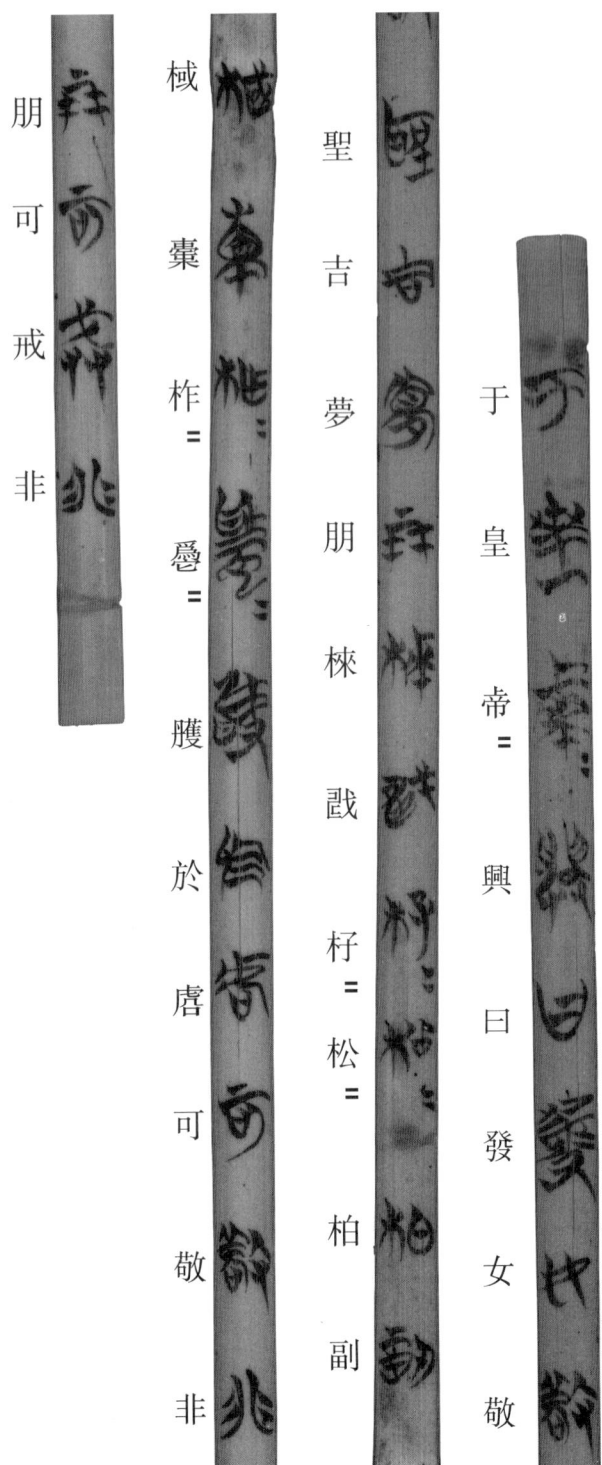

朋可戒非

棫棗柞=懸=膴於虘可敬

聖吉夢朋棶戜杍=松=柏副

于皇帝=興曰發女敬

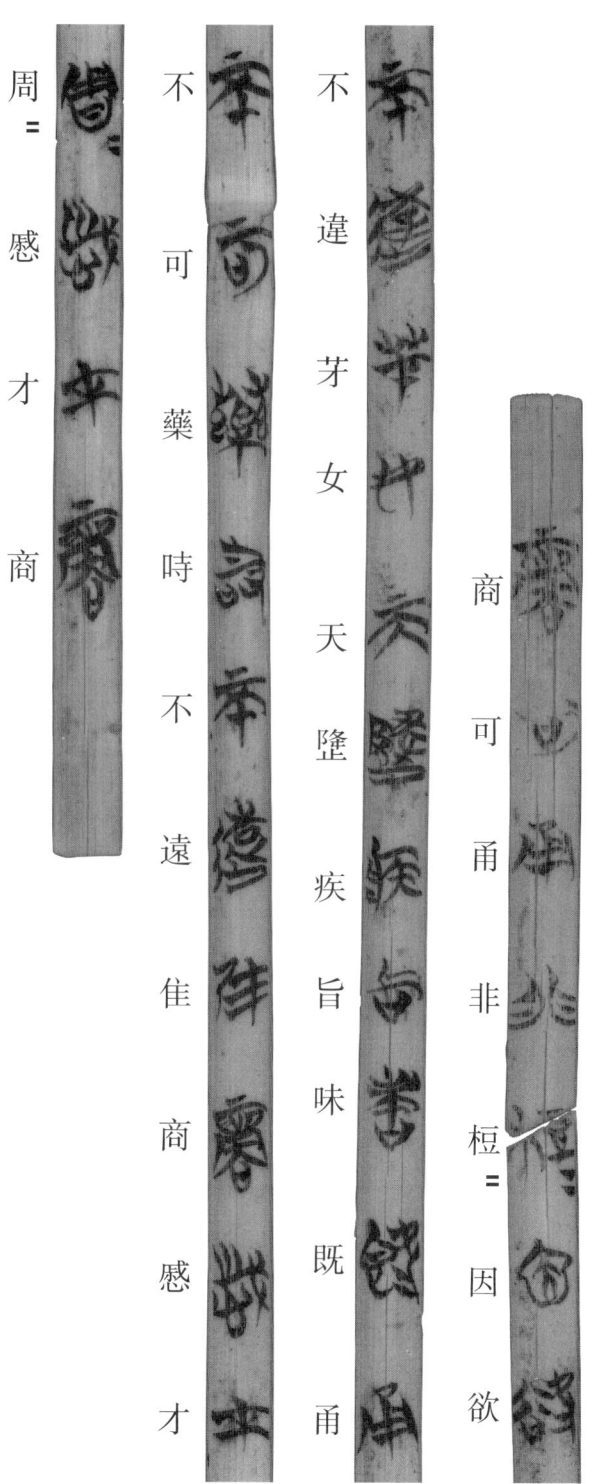

商可甬非桓=因欲不違芛女天隆疾旨味既甬不可藥時不遠隹商感才周=感才商

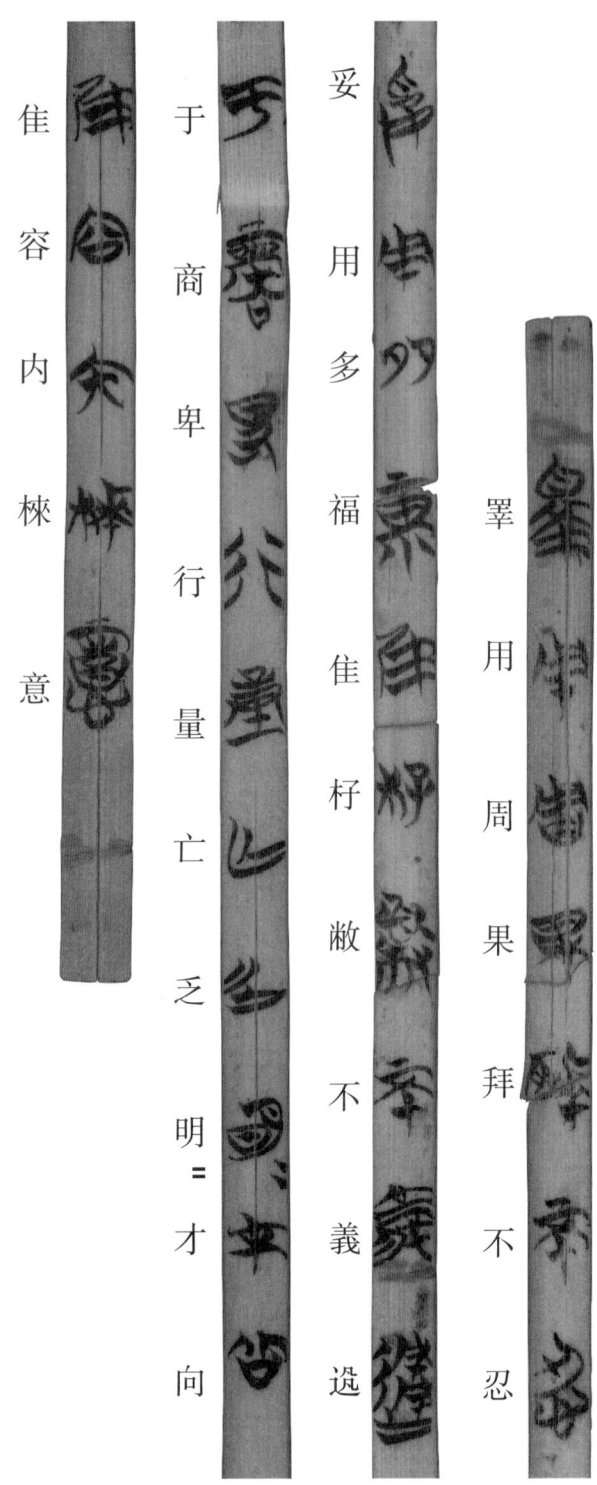

罜用周果拜不忍

妥用多福隹杍敝不義逸

于商卑行量亡乏明=才向

隹容内棶意

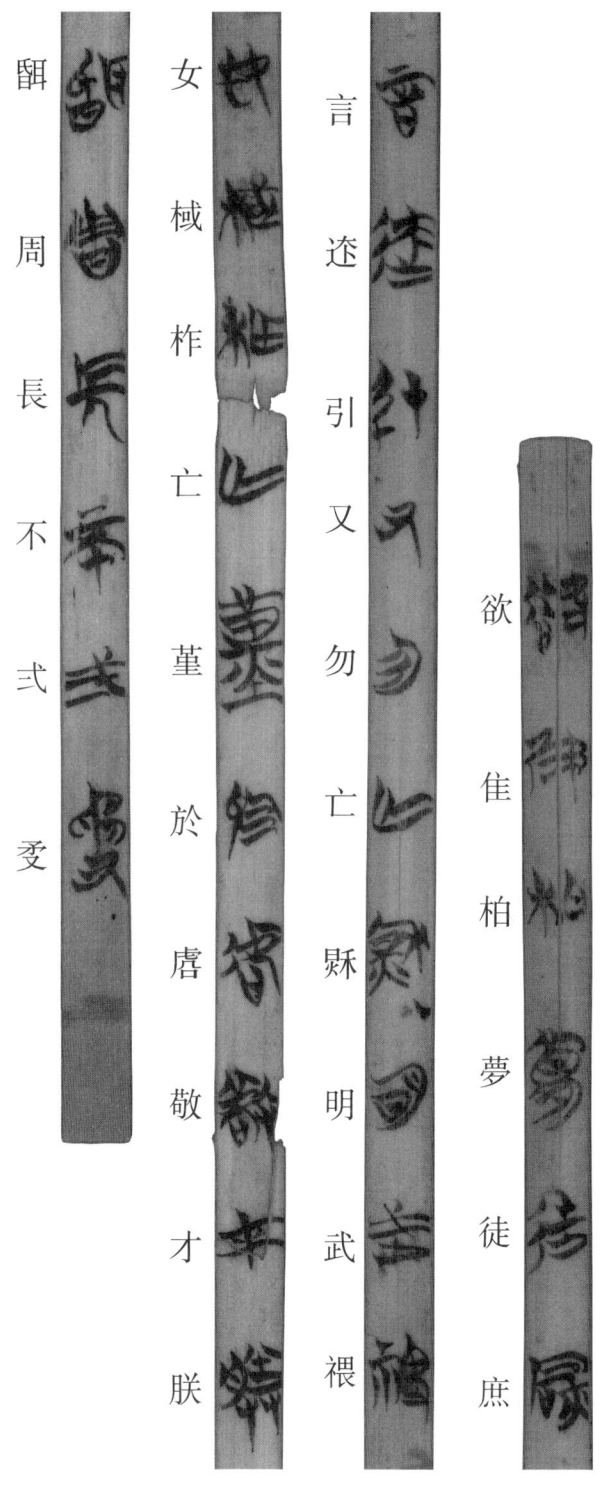

餌周長不弍袭

女棫柞亡堇於唐敬才朕

言迻引又勿亡紑明武裰

欲隹柏夢徒庶

《程寤》简六

可襀非彡可
於虐可監非岂可爰非和
䫉和川啬民不芽襄允
亡勿甬不惡思卑

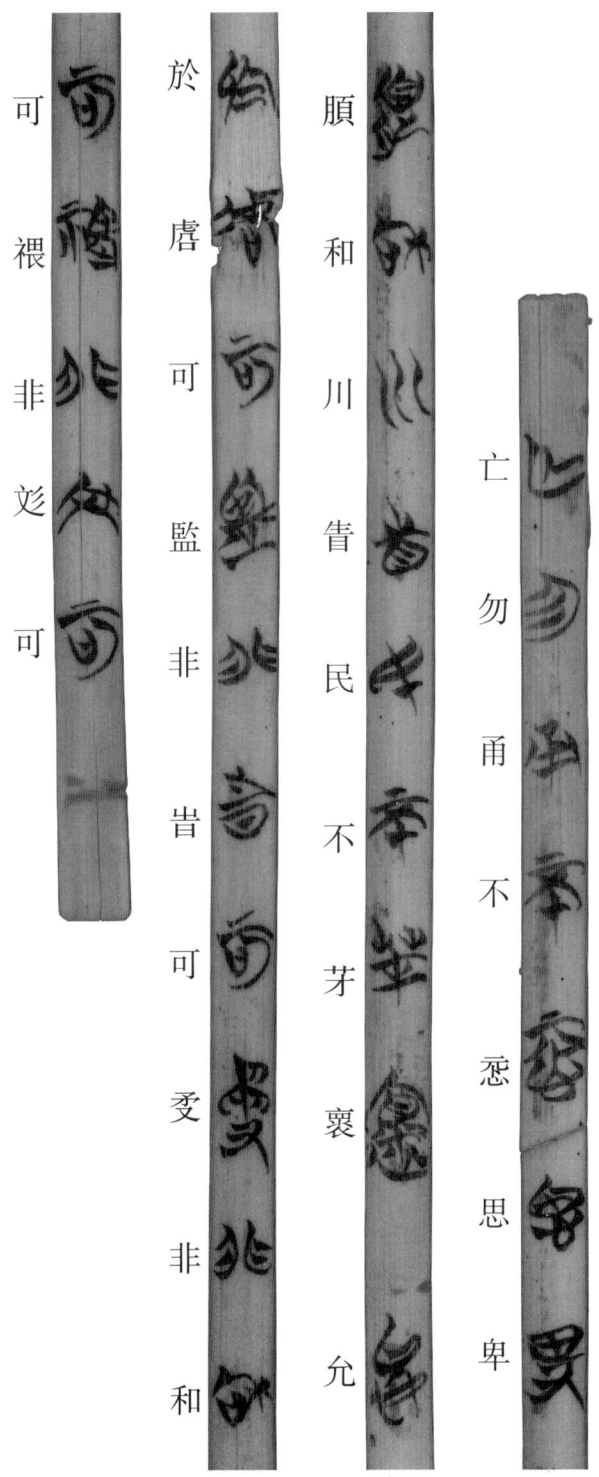

《程寤》简八

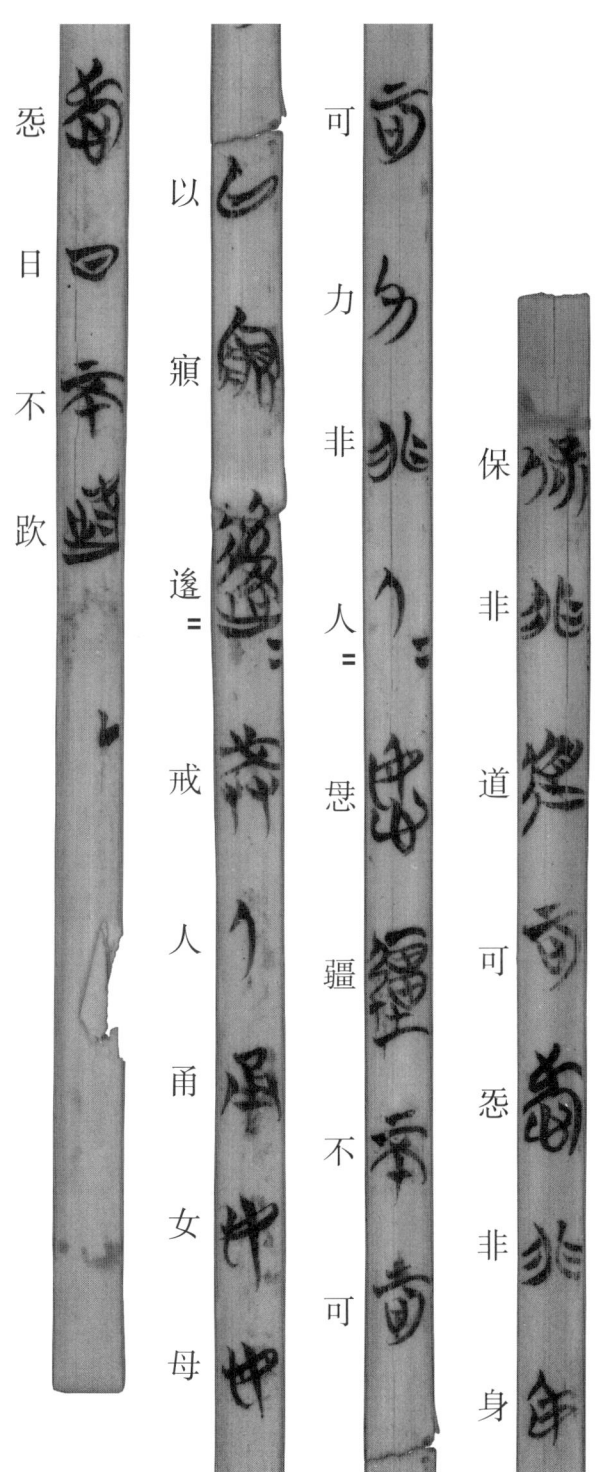

悉日不跌

以窴遆=戒人甬女母

可力非人=惡疆不可

保非道可惡非身

《程寤》簡九

《皇门》正面

《皇门》背面

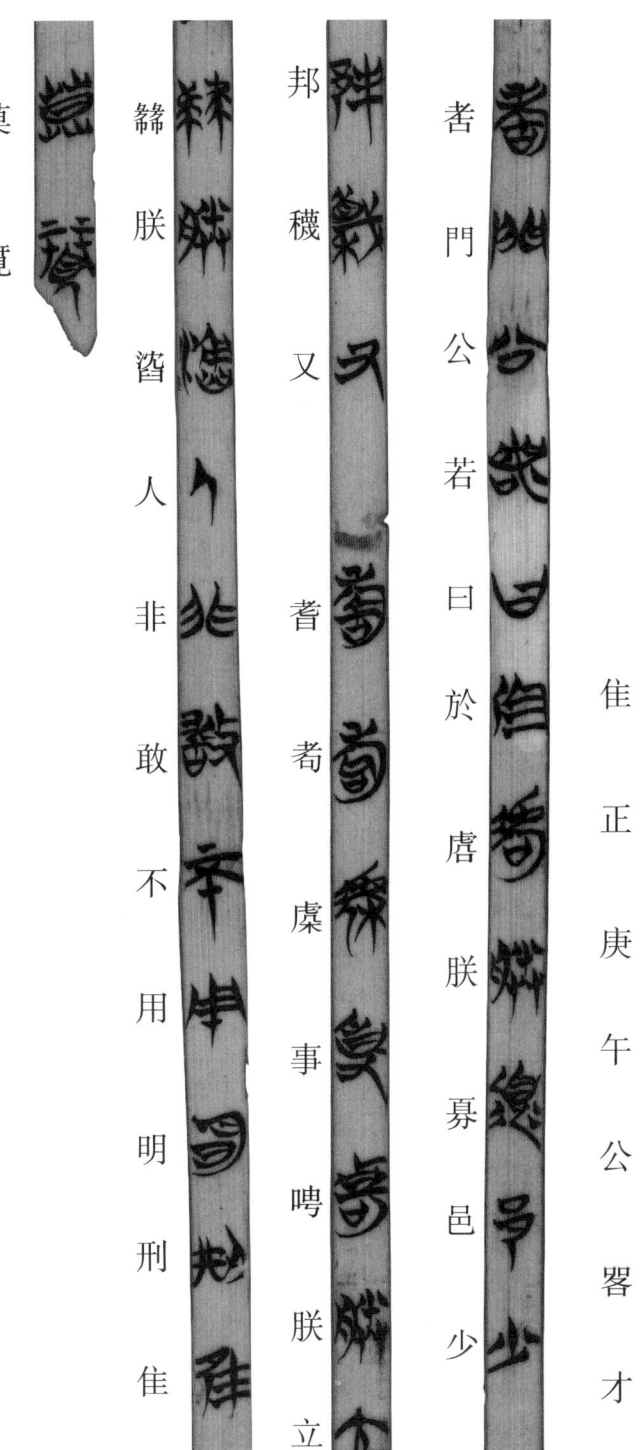

莫覓

緟朕酓人非敢不用明刑隹

邦稷又耆耇虞事嗚朕立

耆門公若曰於唐朕募邑少

隹正庚午公器才

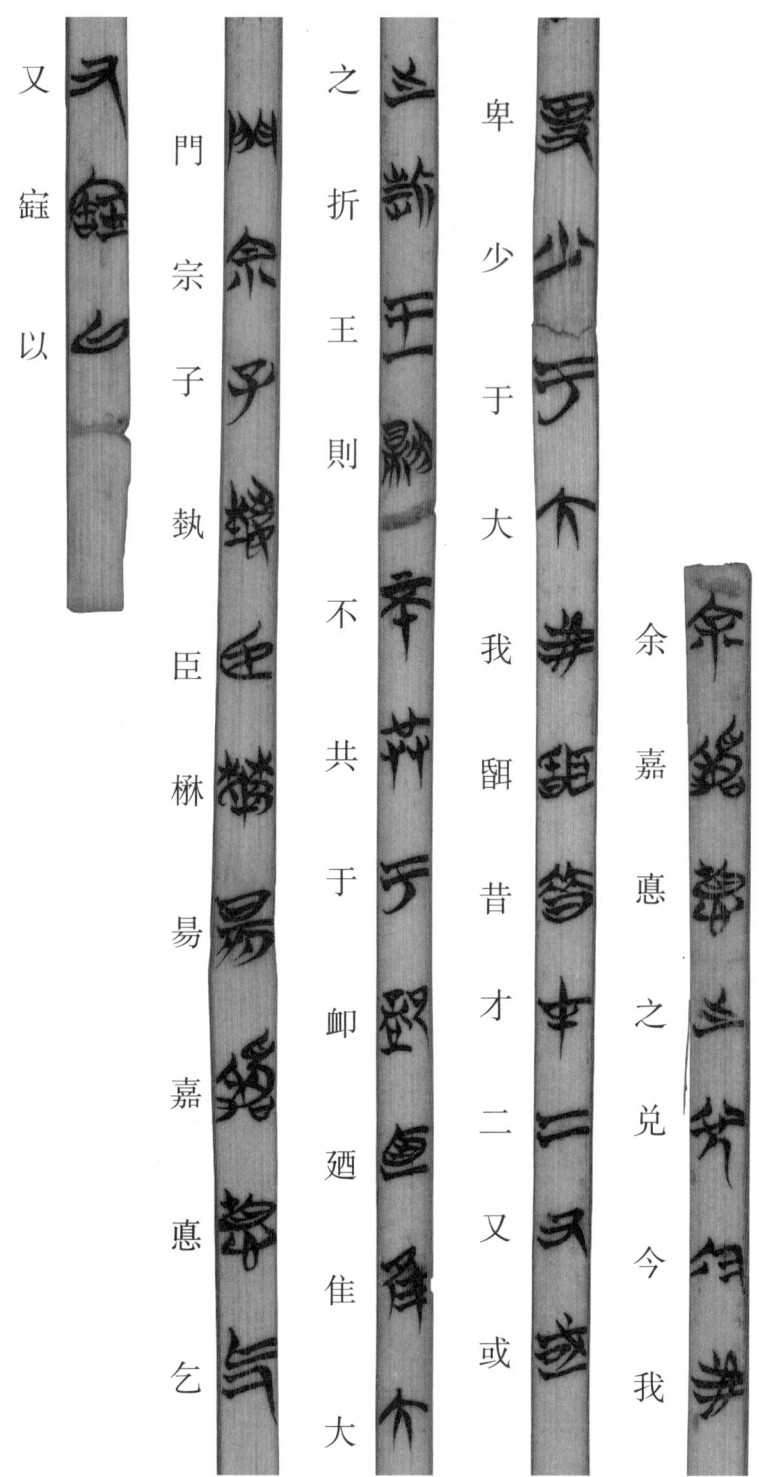

又窢以門宗子執臣楙昜嘉惠乞之折王則不共于卹廼佳大卑少于大我酣昔才二又或余嘉惠之兌今我

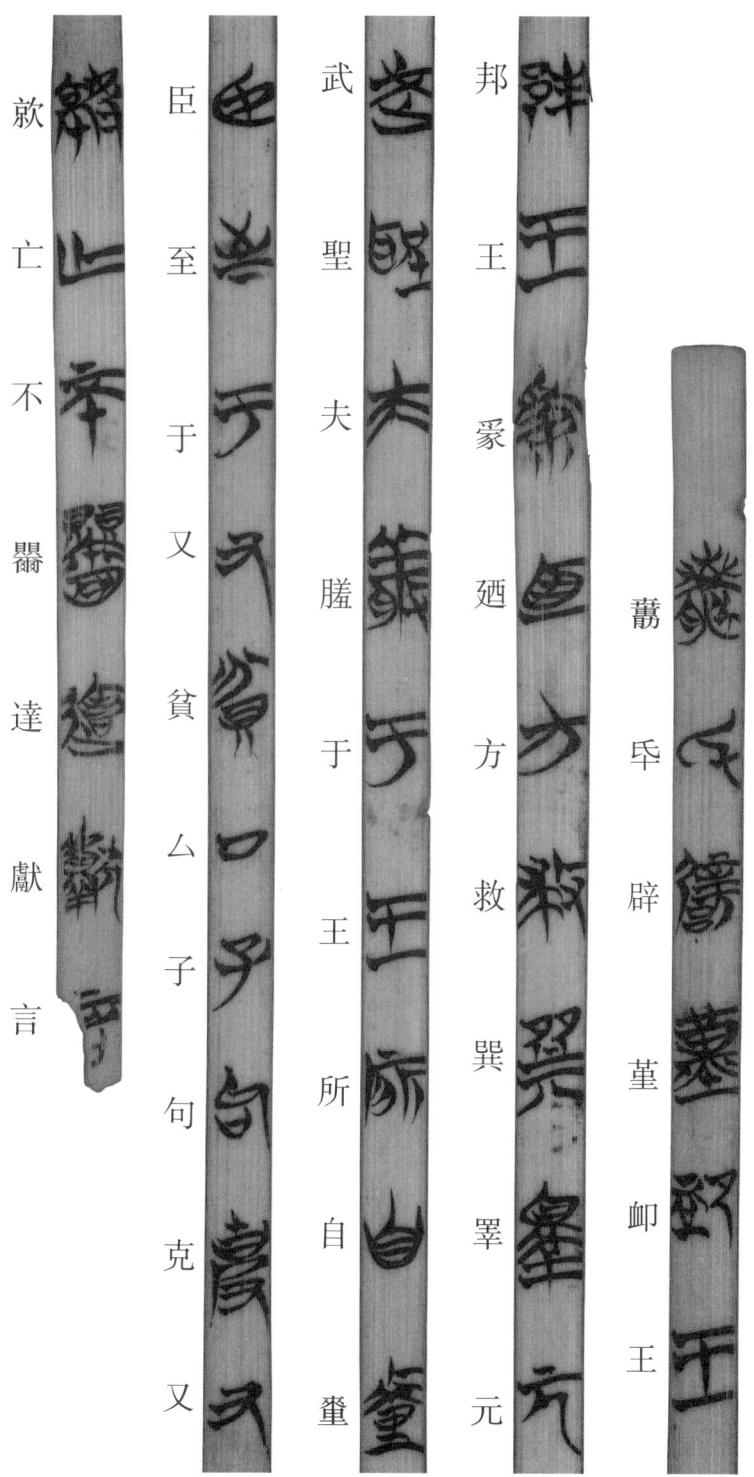

《皇门》简三

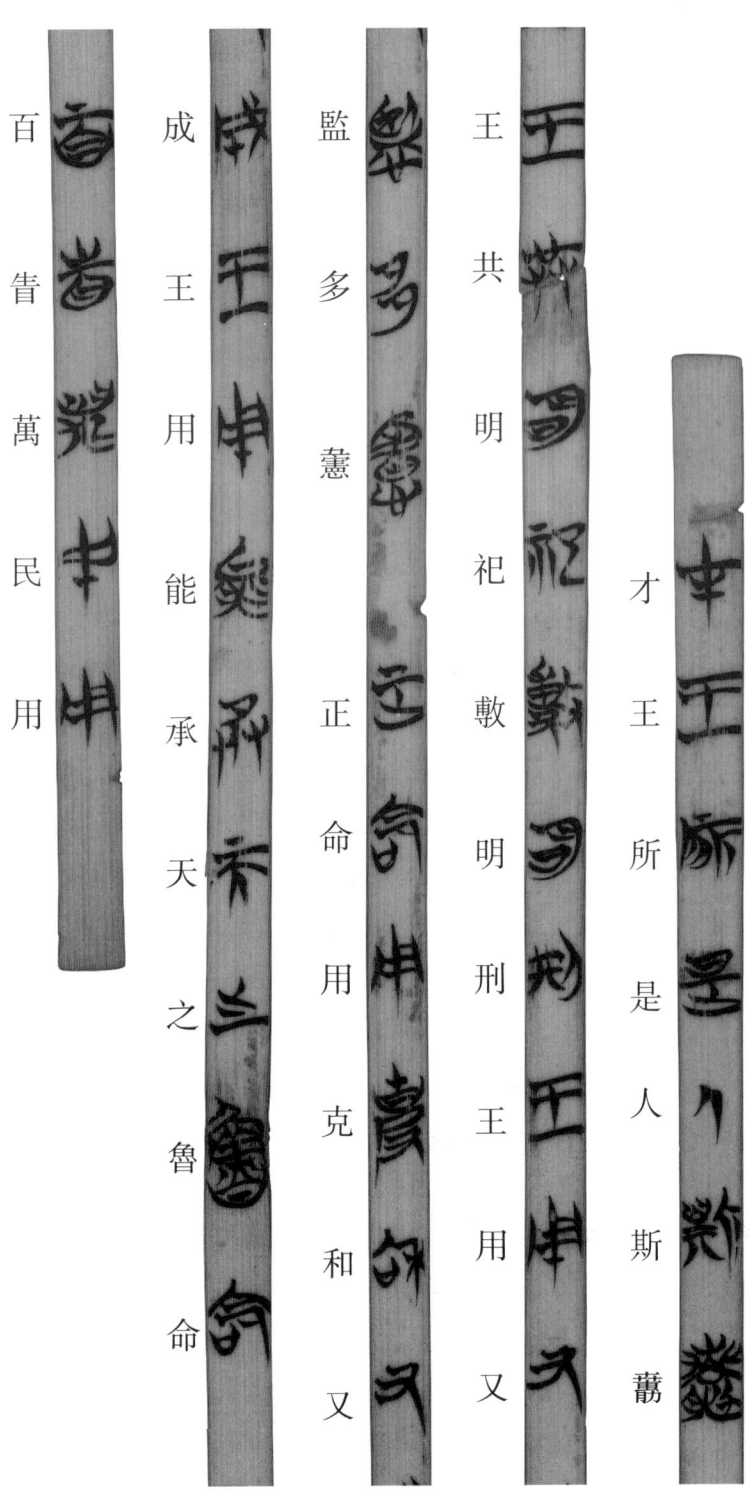

才王所是人斯藚王共明祀敄明刑王用又監多懲正命用克和又成王用能承天之魯命百眚萬民用

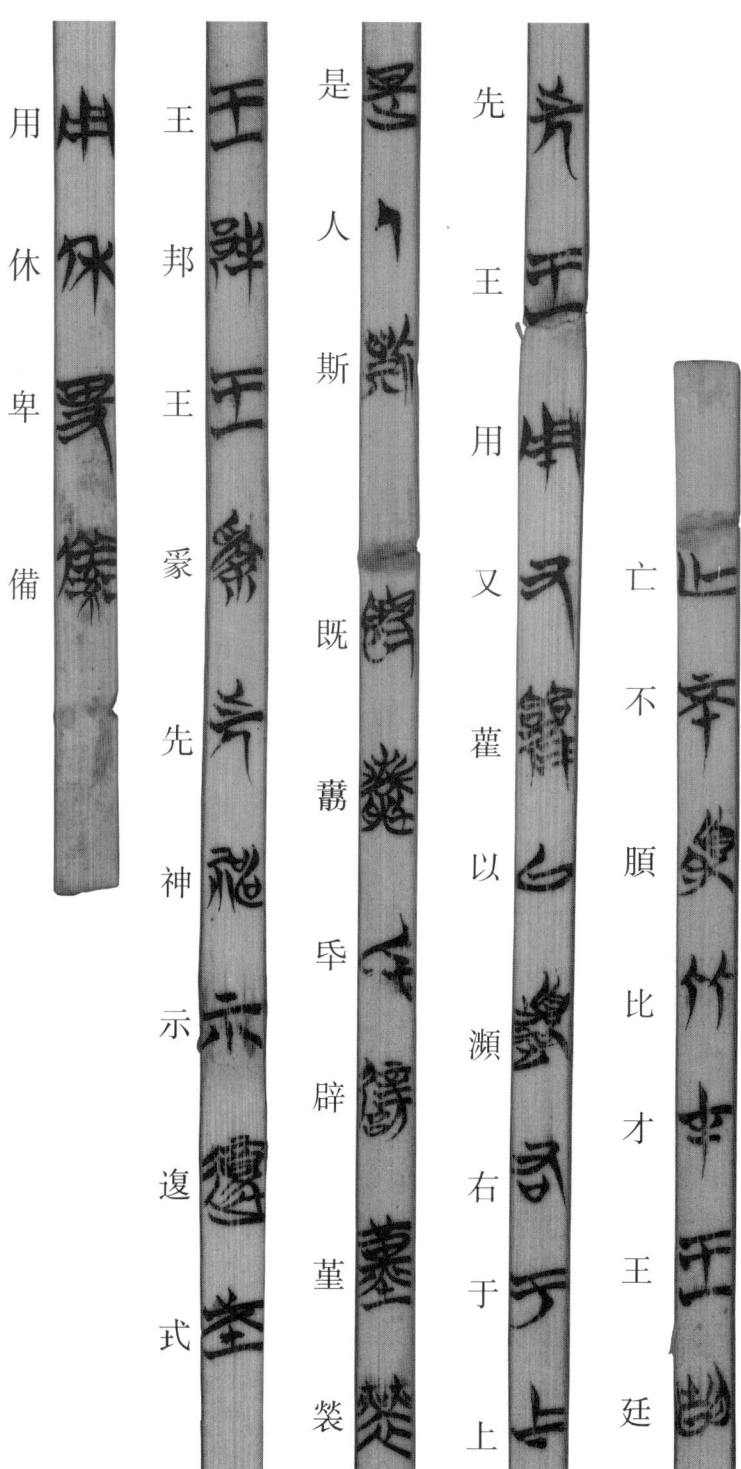

用休卑備

王畢王豪 先神示返式

王邦王豪 先神示返式

是人斯既 饙畀辟堇裘

先王用又 蘴以瀕右于上

亡不順比才王廷

《皇門》簡五

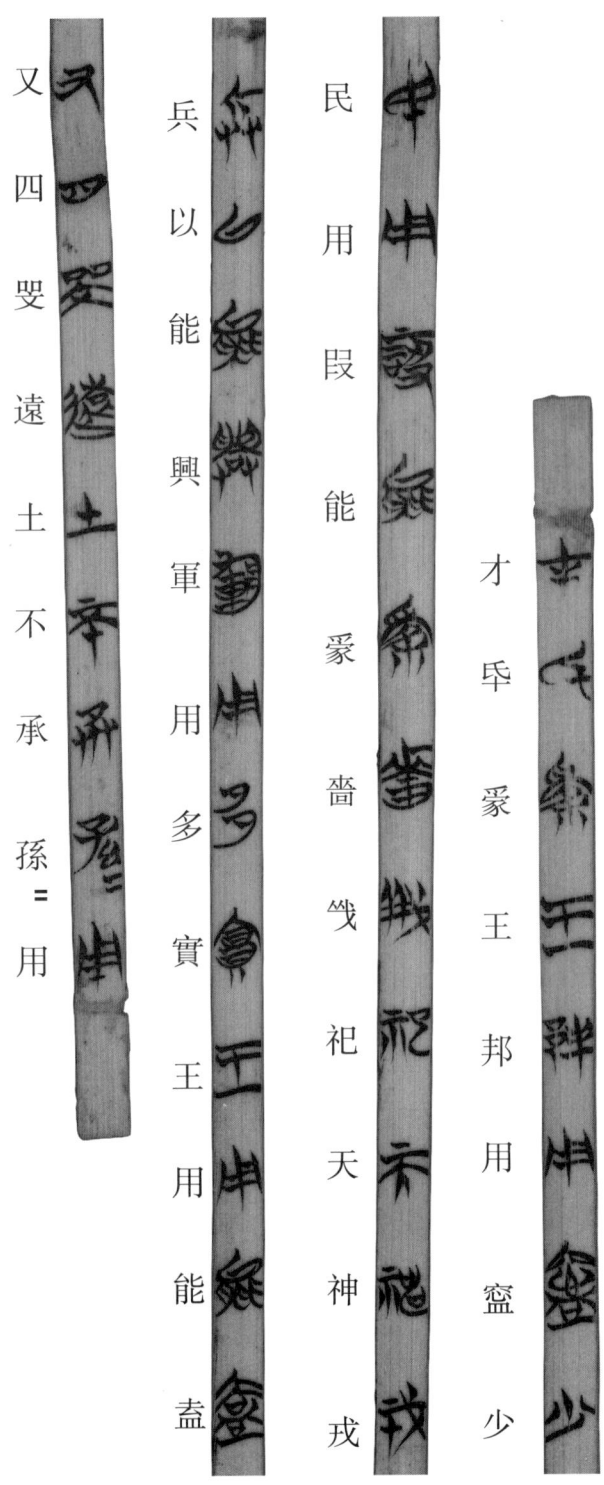

才罕豪王邦用窡少
民用叚能豪嗇戔祀天神戎
兵以能興軍用多實王用能盍
又四翌遠土不承孫=用

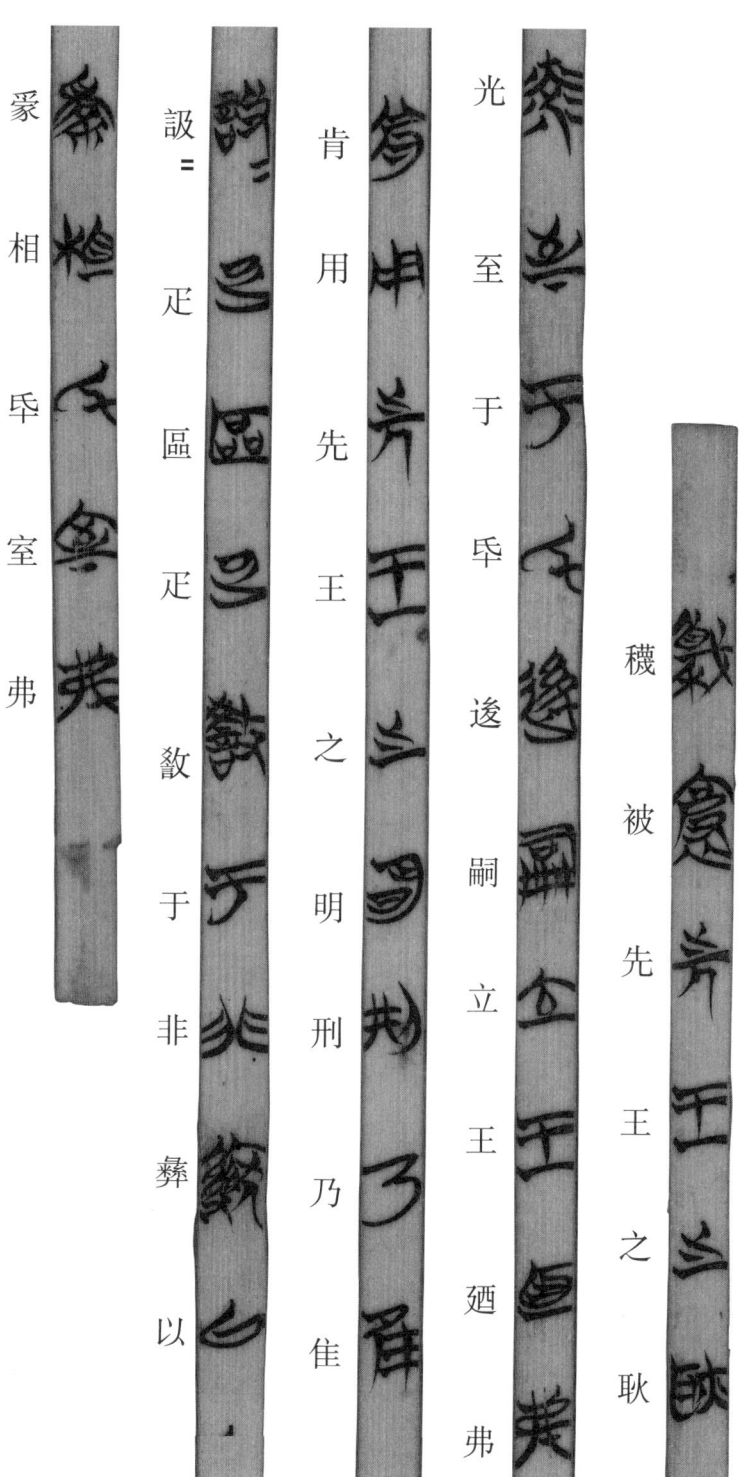

光至于今嗣王之耿

穢被先王之耿

肯用先王之明刑乃惟

設=疋區疋歆于非彝以

豪相氒室弗

《皇門》簡七

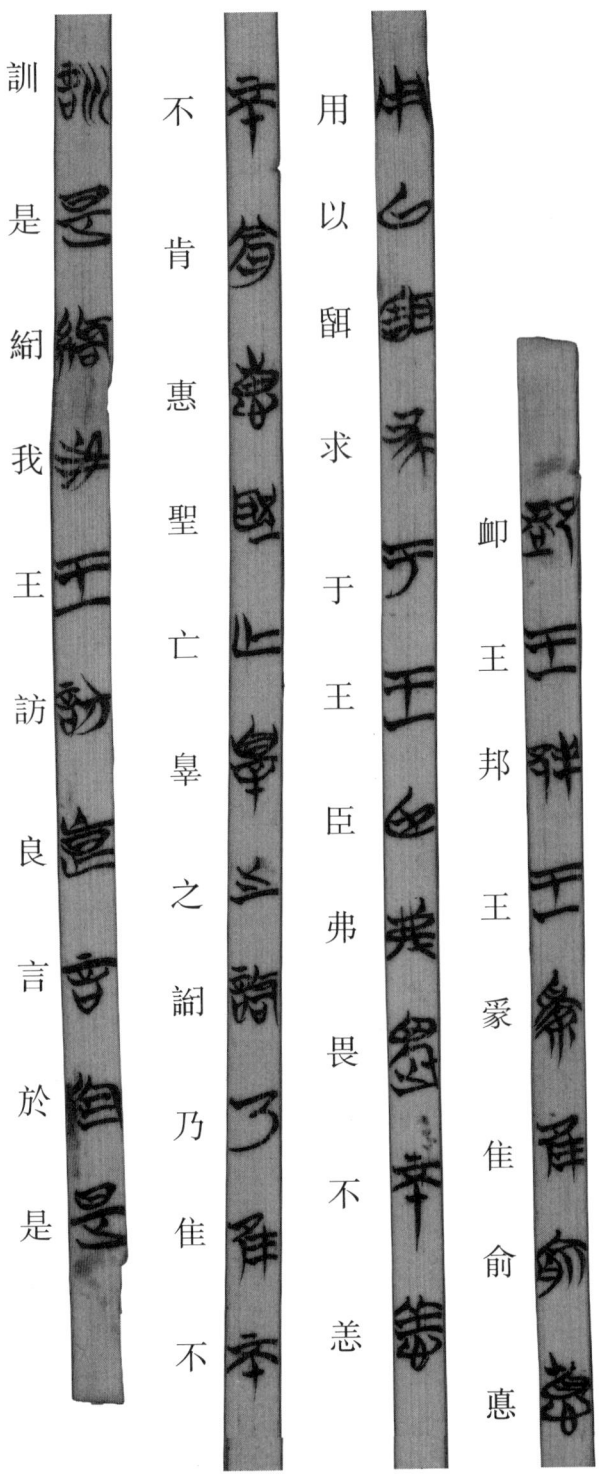

訓是絧我王訪良言於是
不肯惠聖亡皋之詒乃隹不
用以餂求于王臣弗畏不羞
旬王邦王家隹俞悳

又膗是人斯廼訡惻　卑女戎夫喬用從欽亓由克　隹乍區以會卑王之亡依亡藉　人斯乃非休惠以膺乃

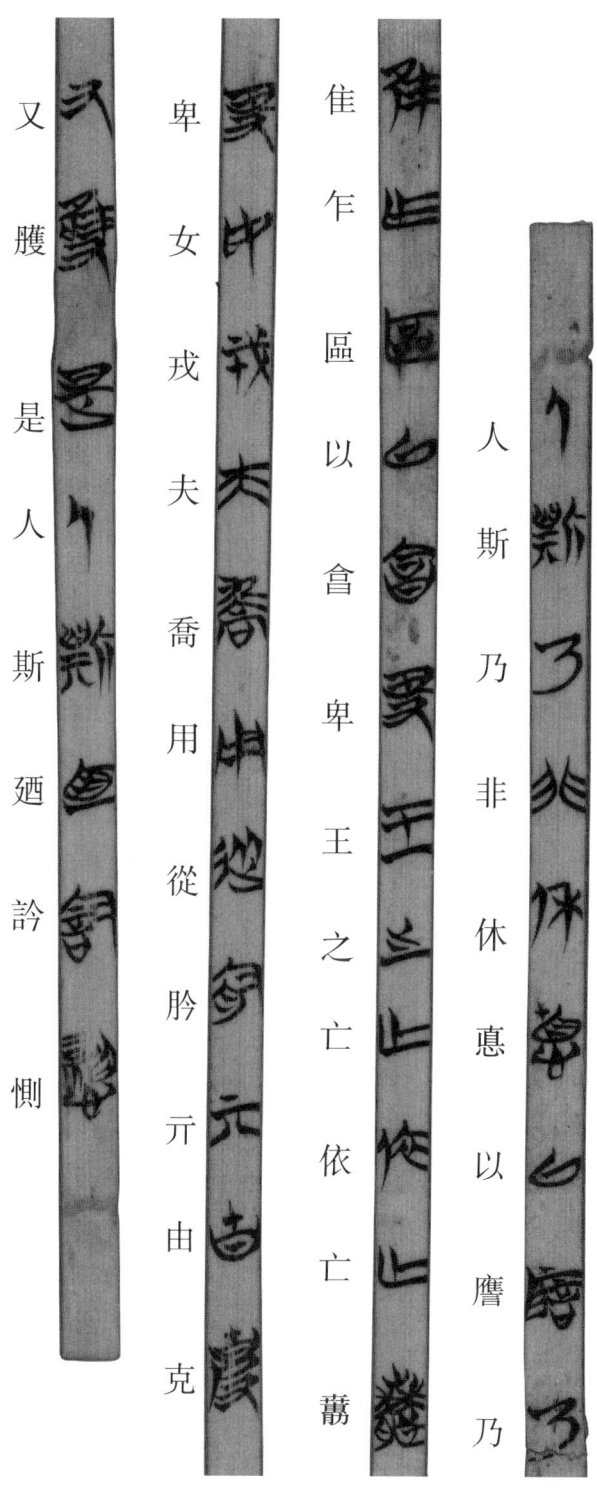

《皇門》簡九

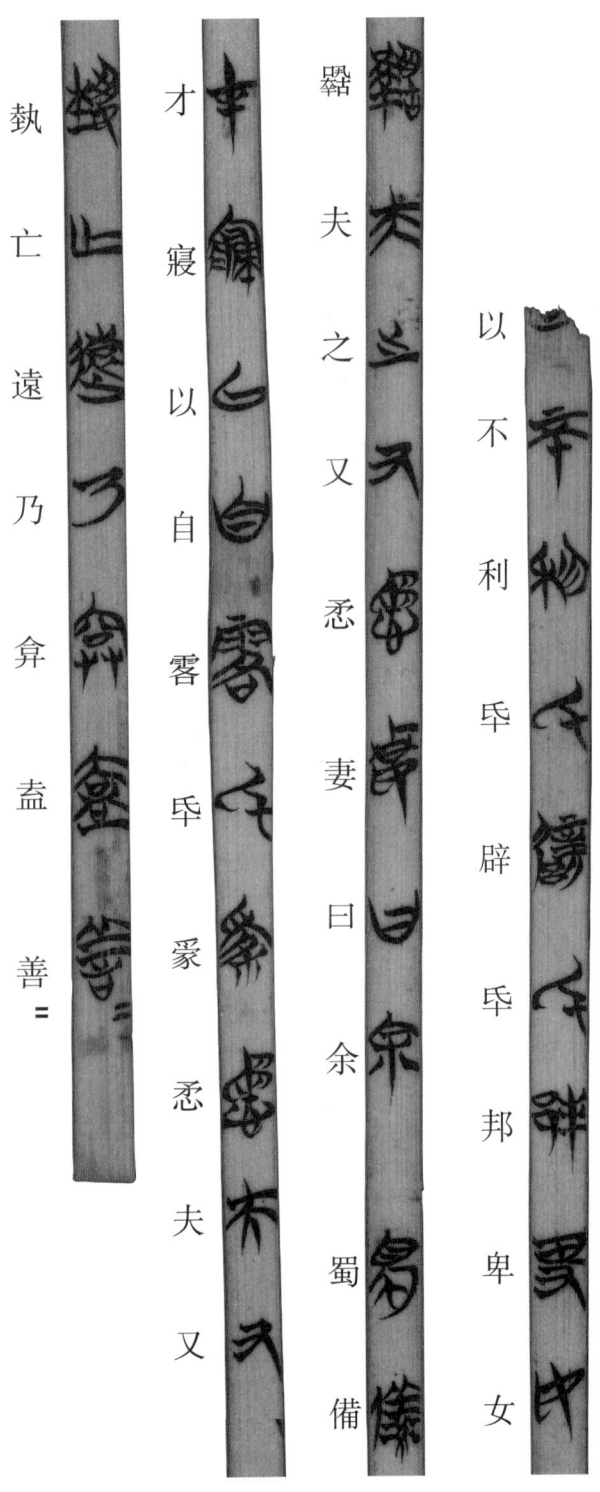

執亡遠乃弇盍善=

才寢以自零毕豪悉夫又

罄夫之又悉妻曰余蜀備

以不利毕辟毕邦卑女

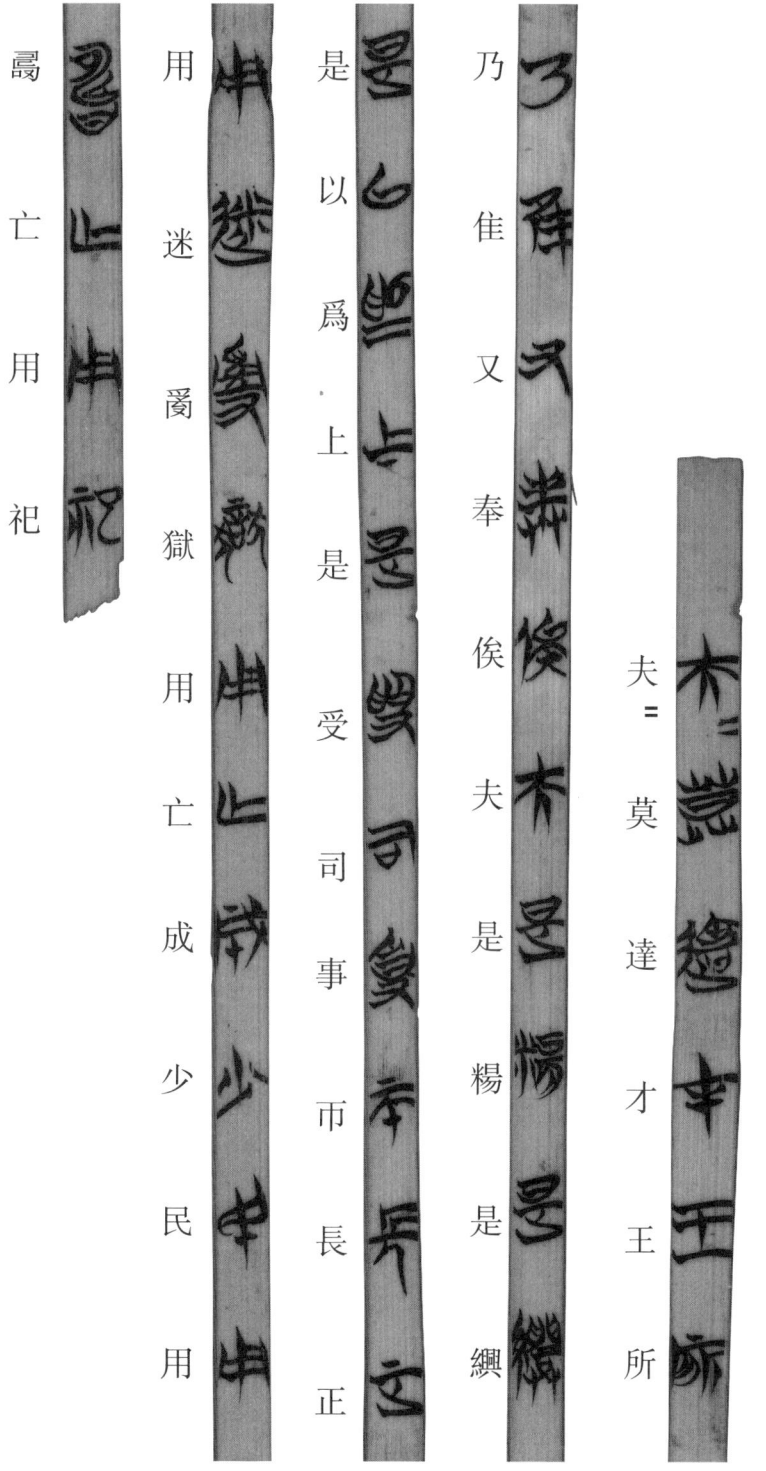

曷亡用祀

用迷亂獄用亡成少民用

是以爲上是受司事币長正

乃隹又奉俟夫是楊是纇

夫=莫達才王所

《皇門》简十一

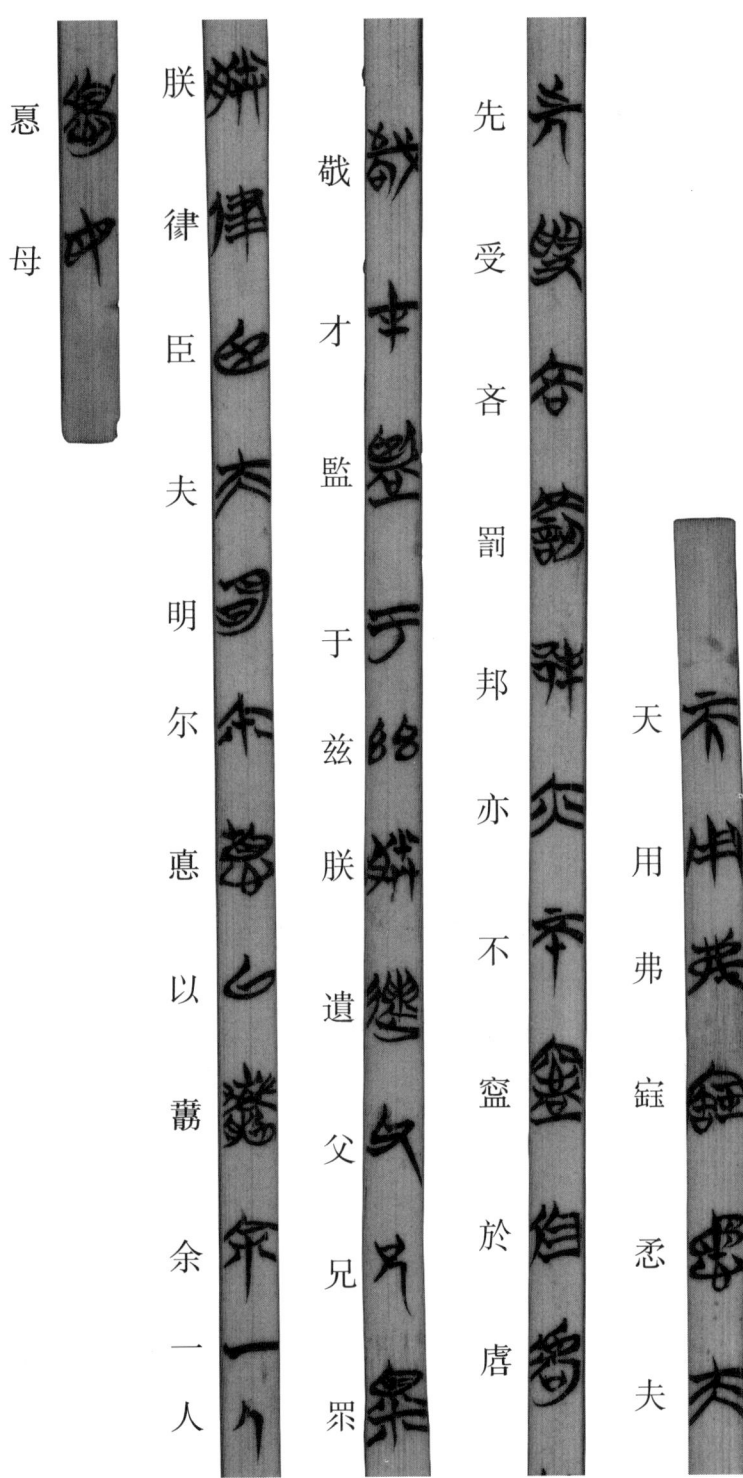

惡母

朕律臣夫明尔惠以籲余一人

朕律臣夫□尔惠以□余一人

戡才監于兹朕遺父兄眾

先受吝罰邦亦不窑於啻

天用弗寍悉夫

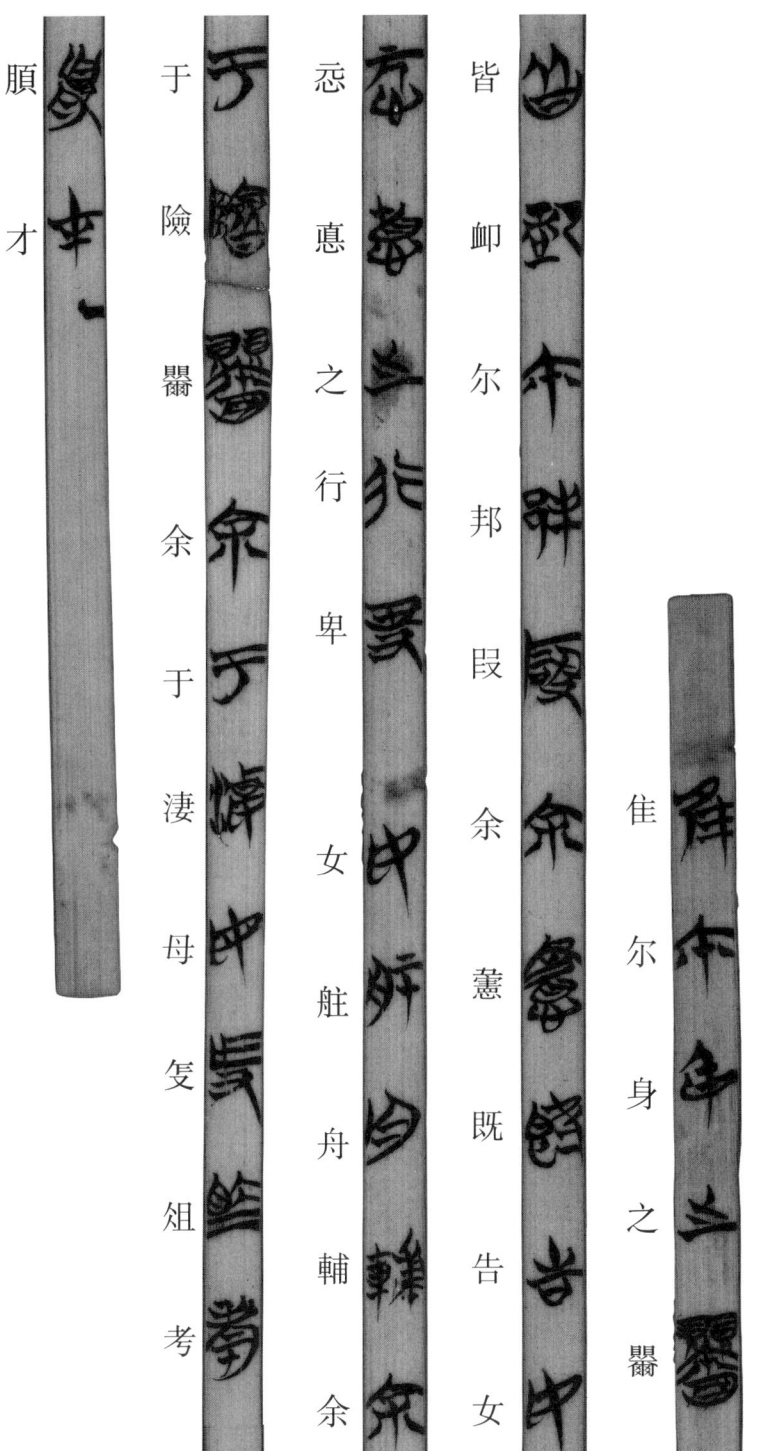

皆卹尔邦叚余憙既告女
悉意之行卑女舼舟輔余
于險囂余于淒母复俎考
頗才

隹尔身之囂

《祭公之顾命》正面

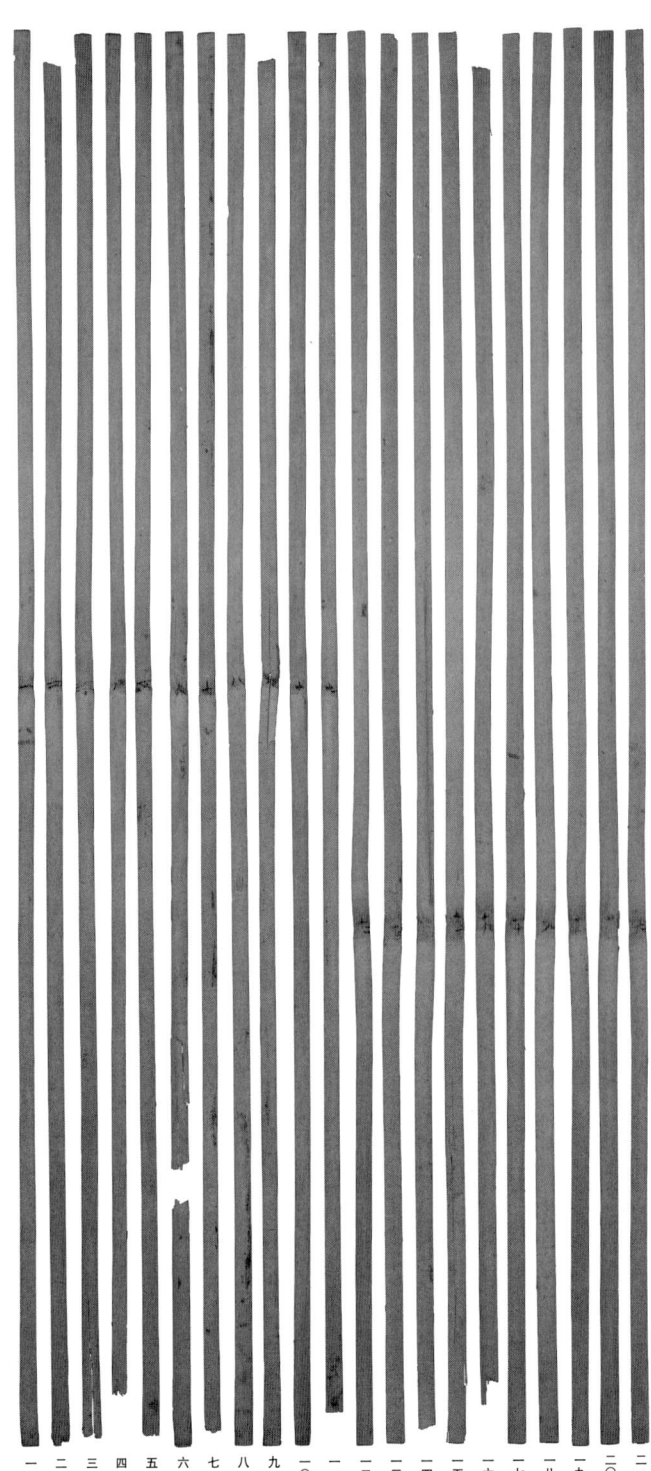

《祭公之顾命》背面

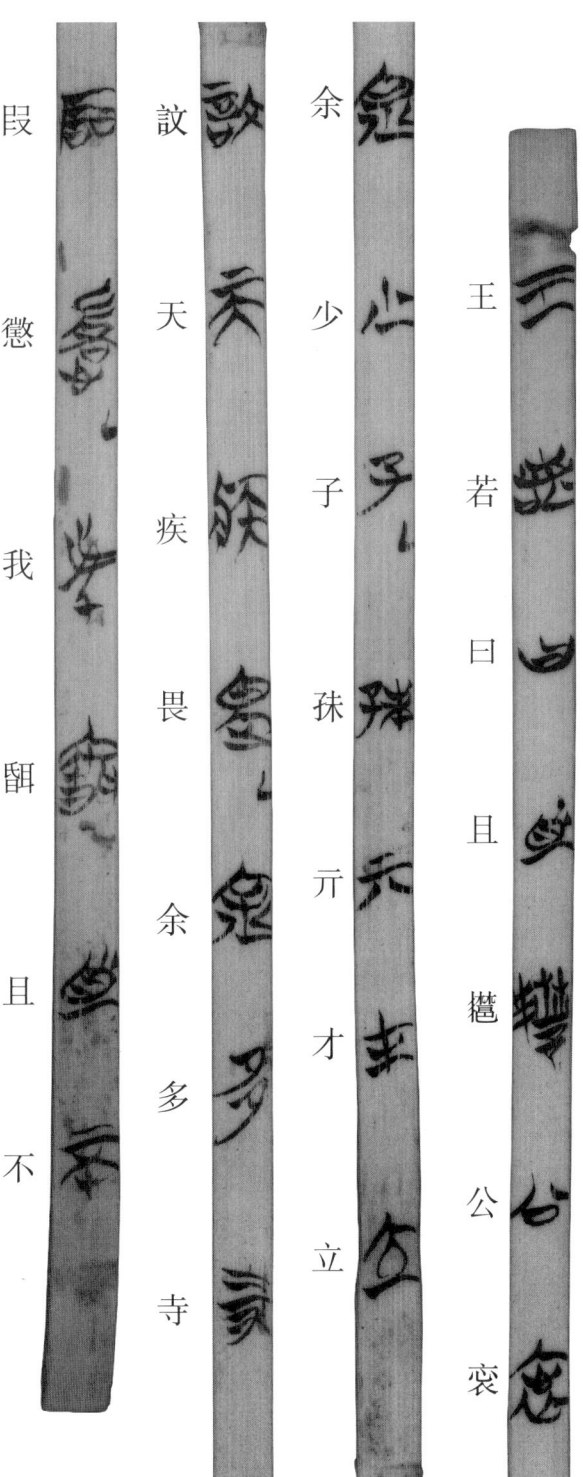

王若曰且軌公袞

余少子珠亓才立

訍天疾畏余多寺

叚懲我餌且不

《祭公之顾命》简一

惪懱公拜=

之复畏公亓告

不汎疾甚余畏天

余又巳余隹寺速貝

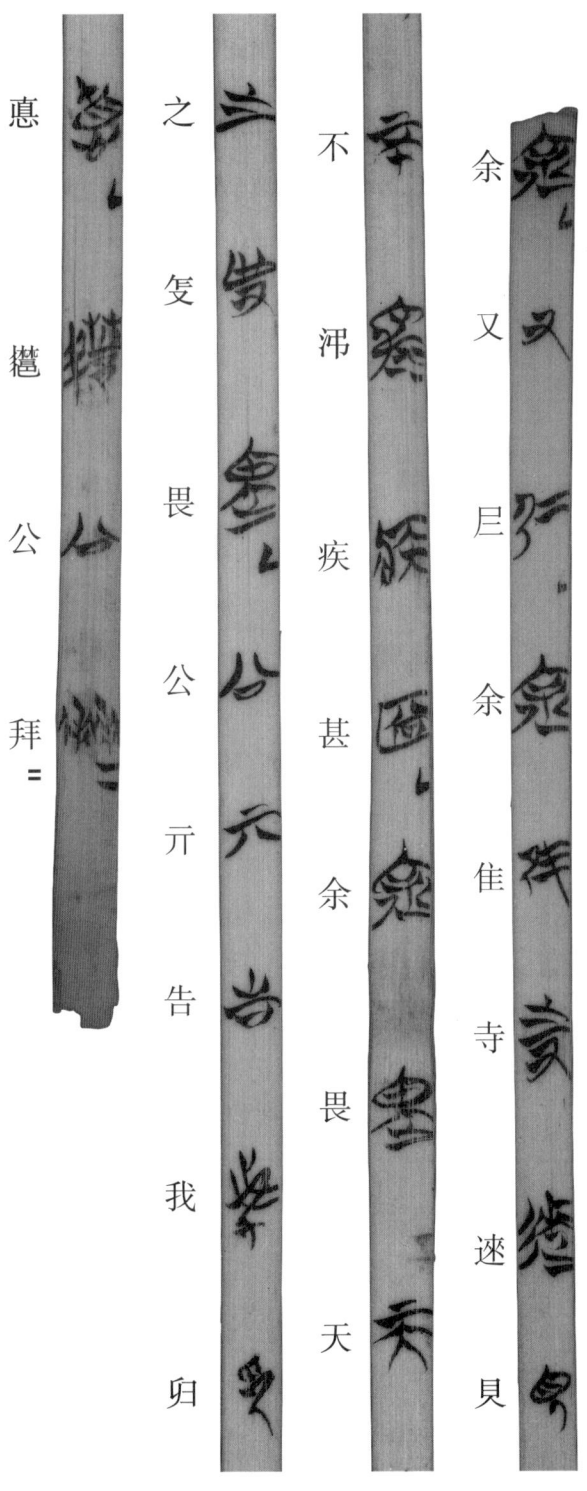

《祭公之顾命》简二

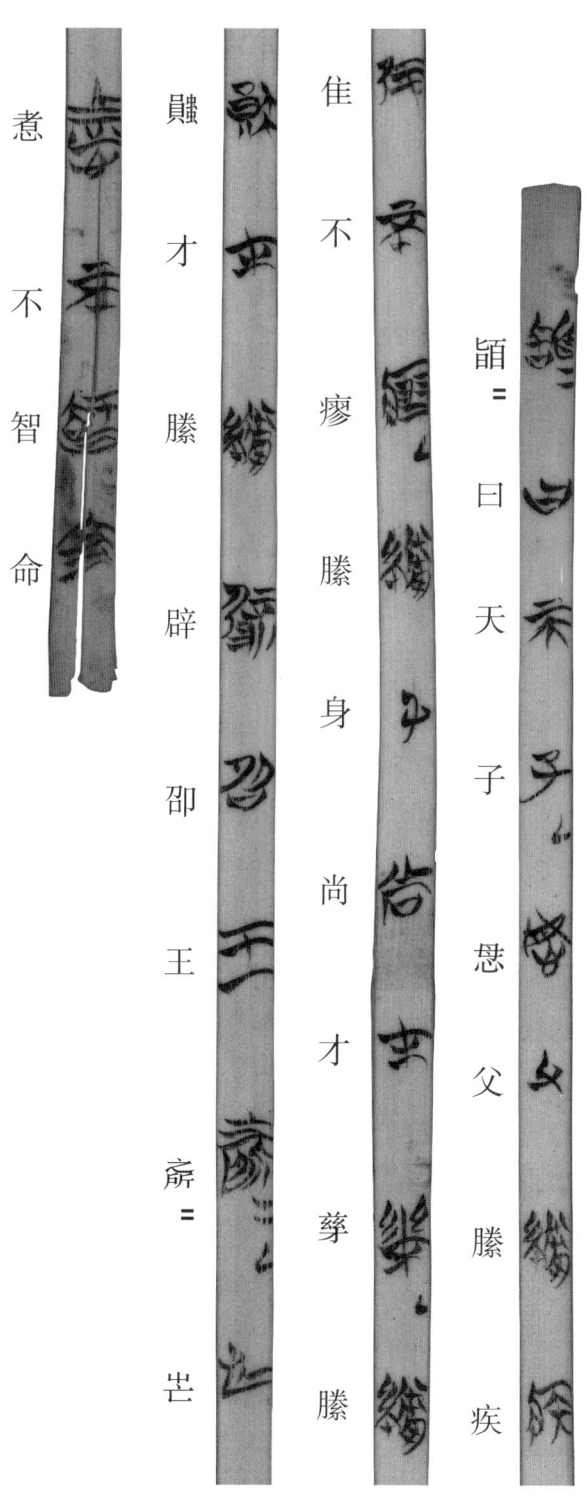

煮 不 智 命

雠 才 朕 辟 卲 王

隹 不 瘳 朕 身 尚 才 孳 朕

詷=曰 天 子 愚 父 朕 疾

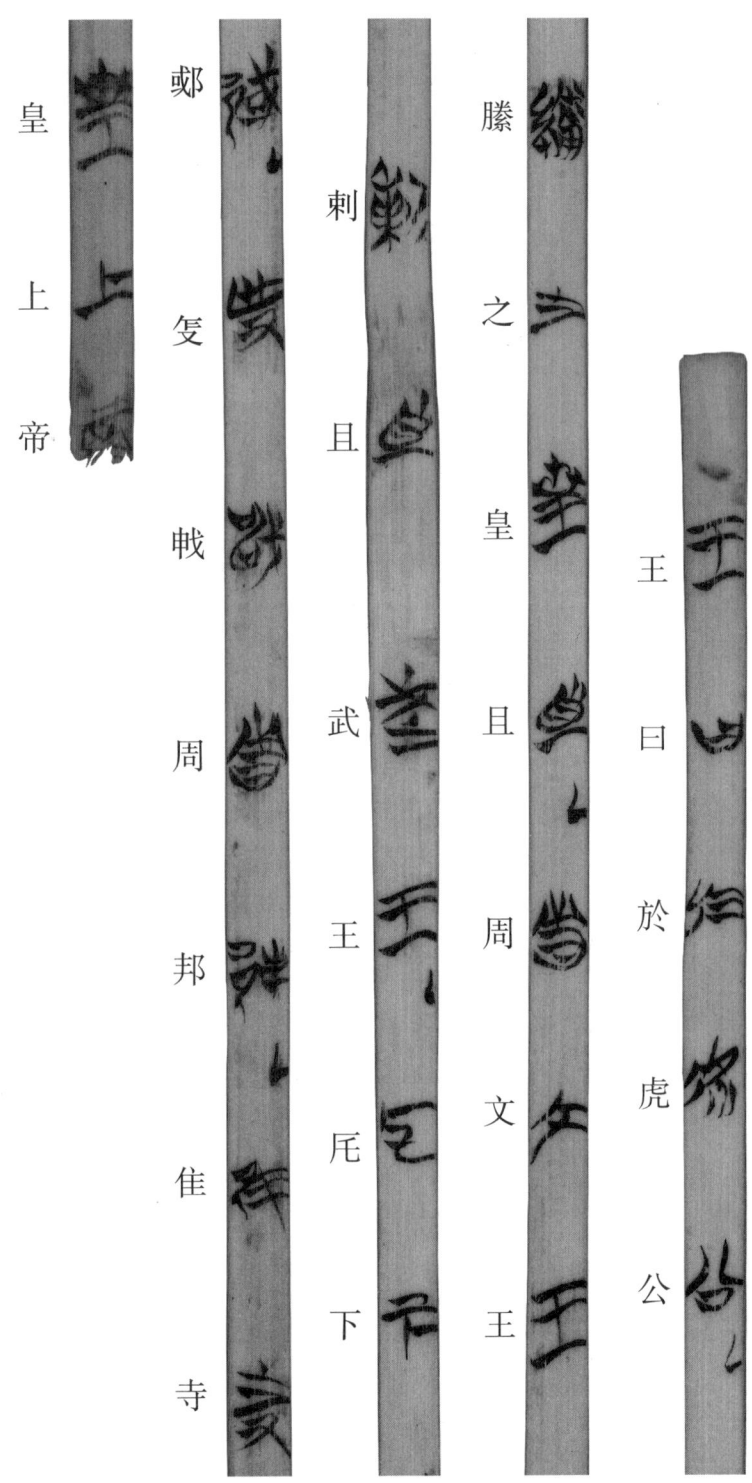

皇 上 帝

郟 叀 戟 周 邦 隹 寺

剌 且 武 王 厎 下

朕 之 皇 且 周 文 王

王 曰 於 虎 公

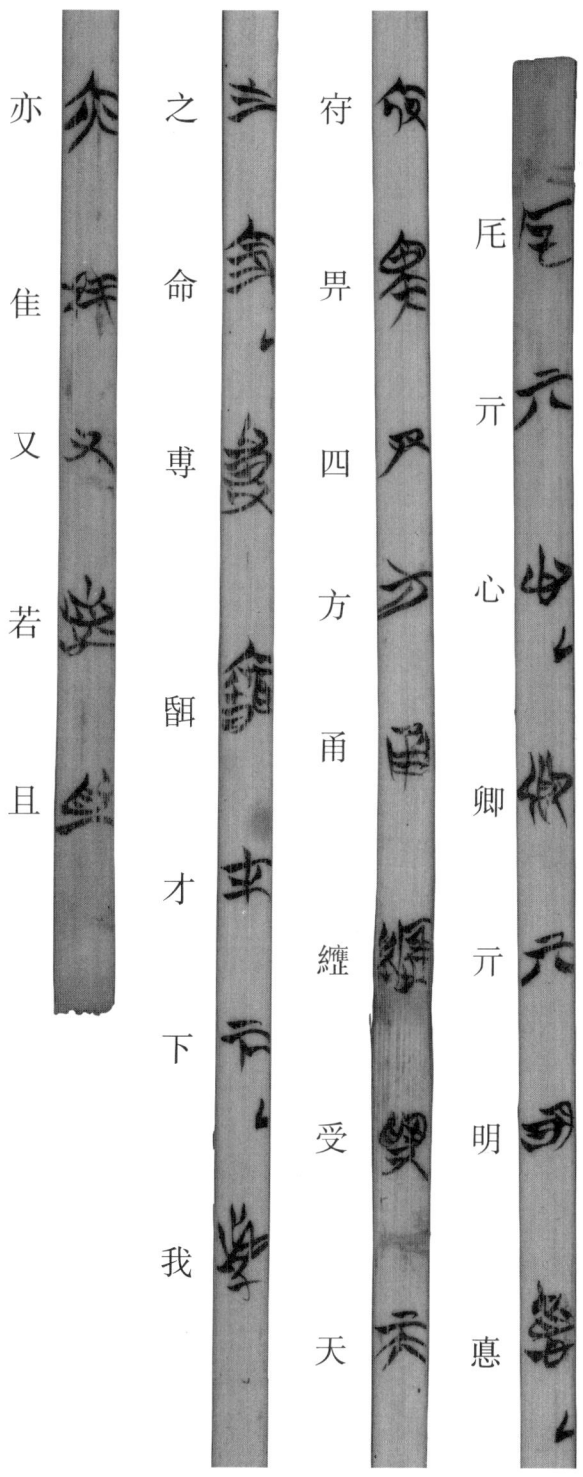

亦隹又若且 之命尃䚢才下我 守畀四方甬纏受天 氒亓心卿亓明惪

《祭公之顾命》简五

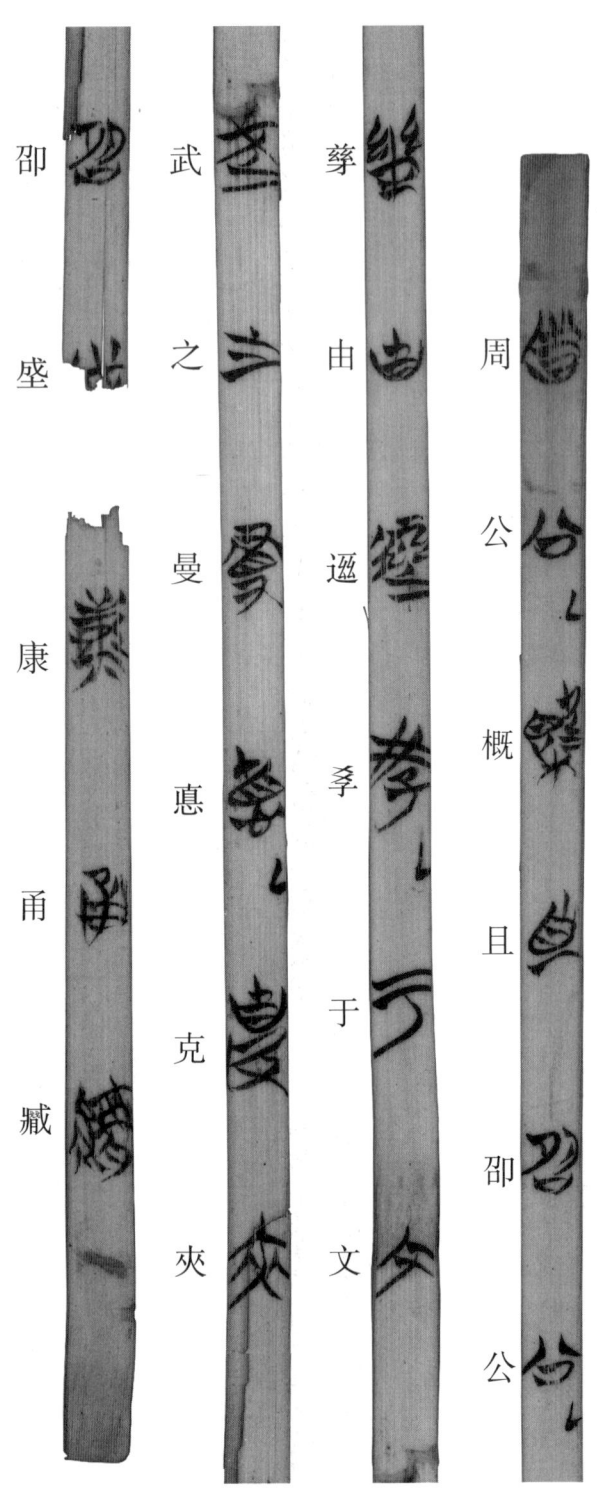

邵 武 孴 周
壐 之 由 公
 曼 巡 概
康 惪 孚 且
甬 克 于 邵
臧 夾 文 公

曰公再不顯惠

周邦保明王豪

又若且懃公墬和

盛大商我亦隹

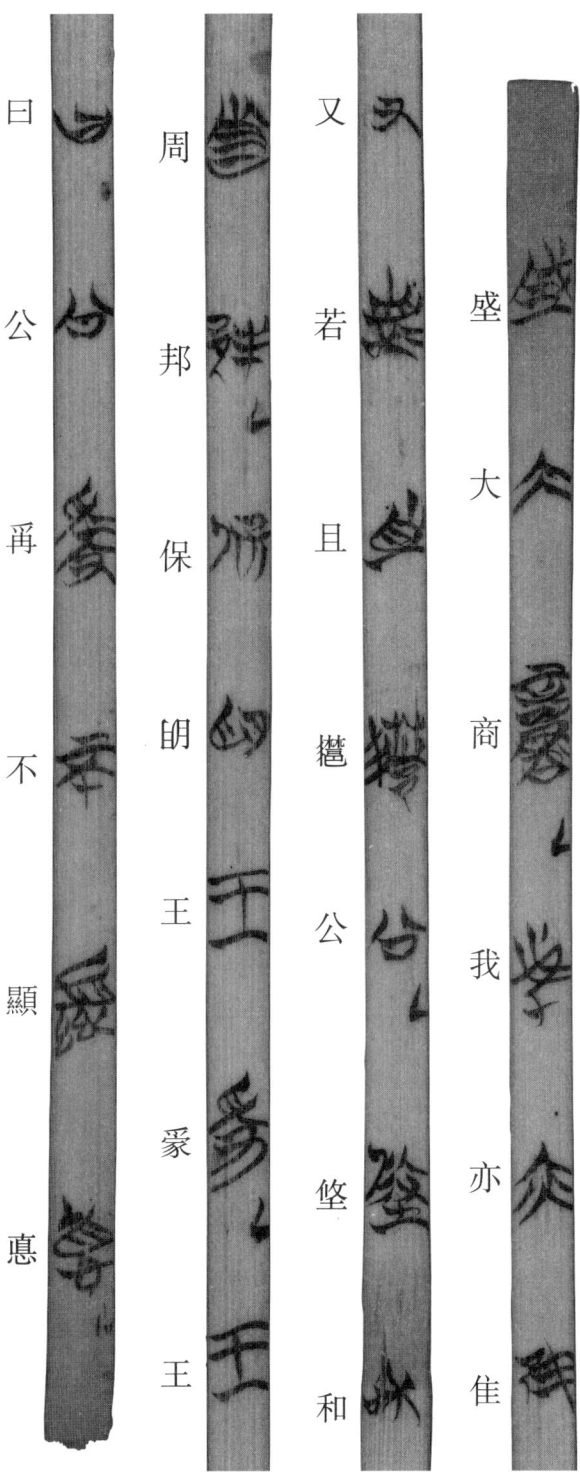

念孳孨惜乃 之刺王曰於虎公女 之刺飓壴康卲宔 以余少子飓文武

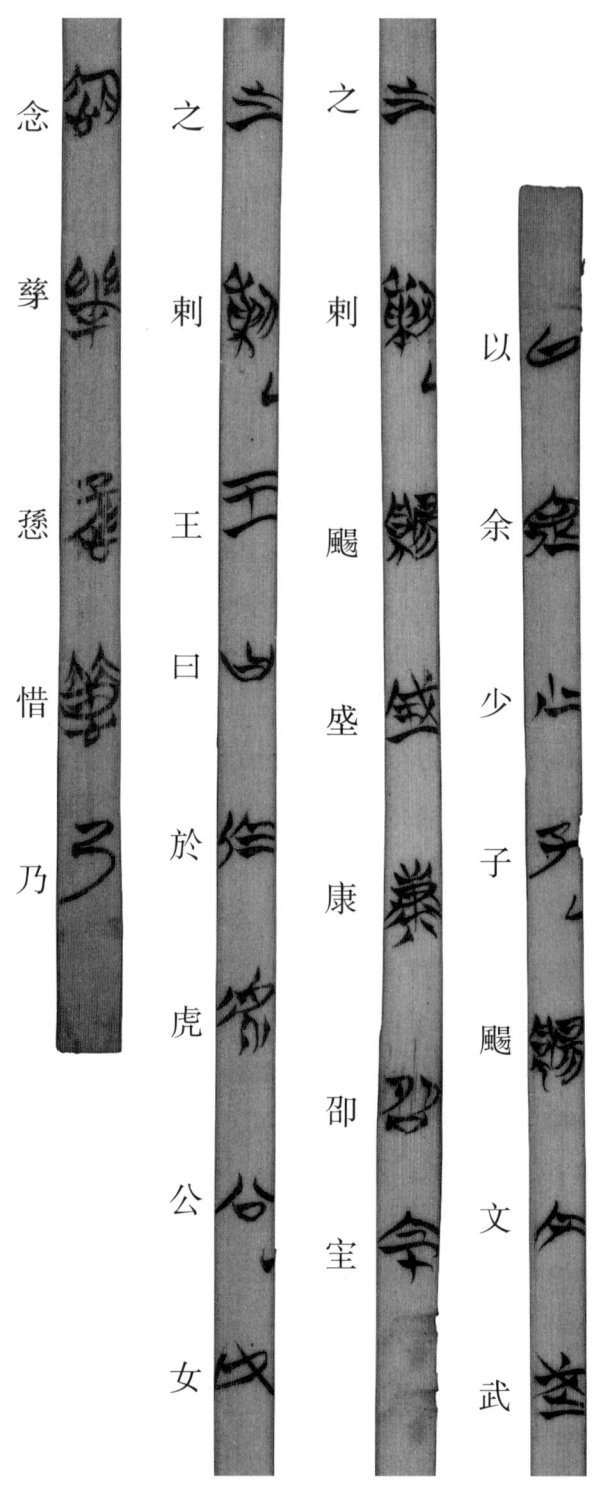

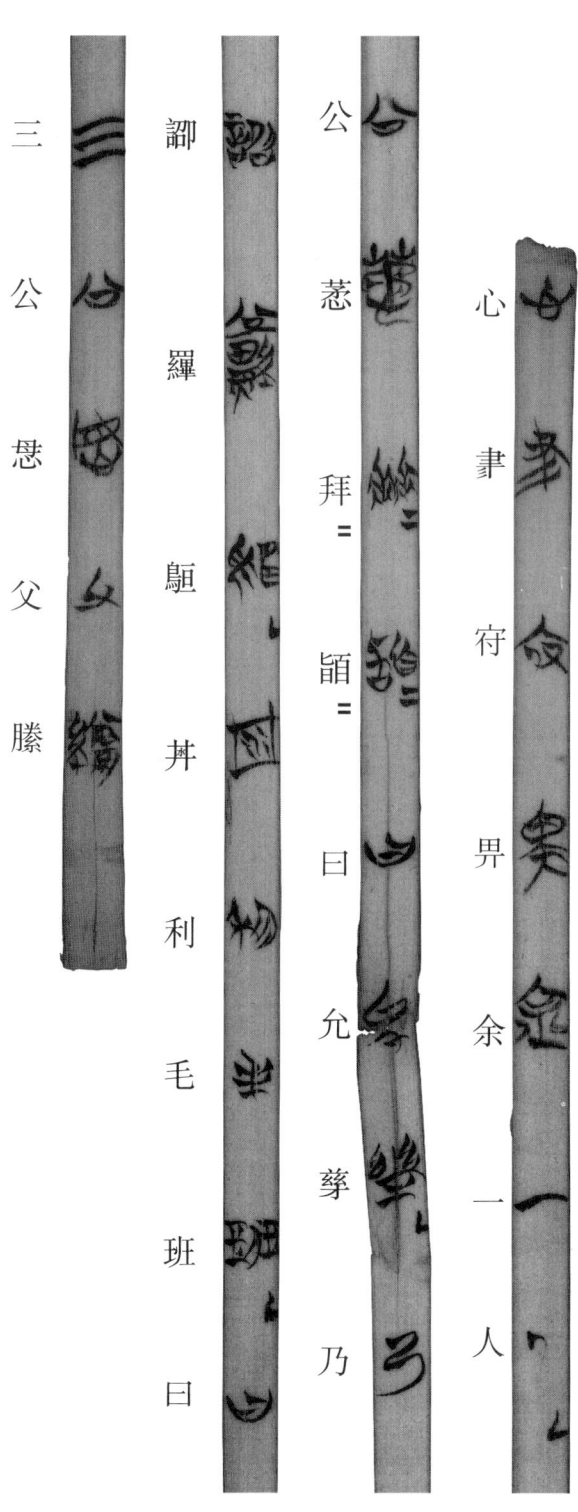

三公愳父媵 卹羅䢼丼利毛班曰 公蒞拜=𩒨=曰允孳乃 心聿甹畀余一人

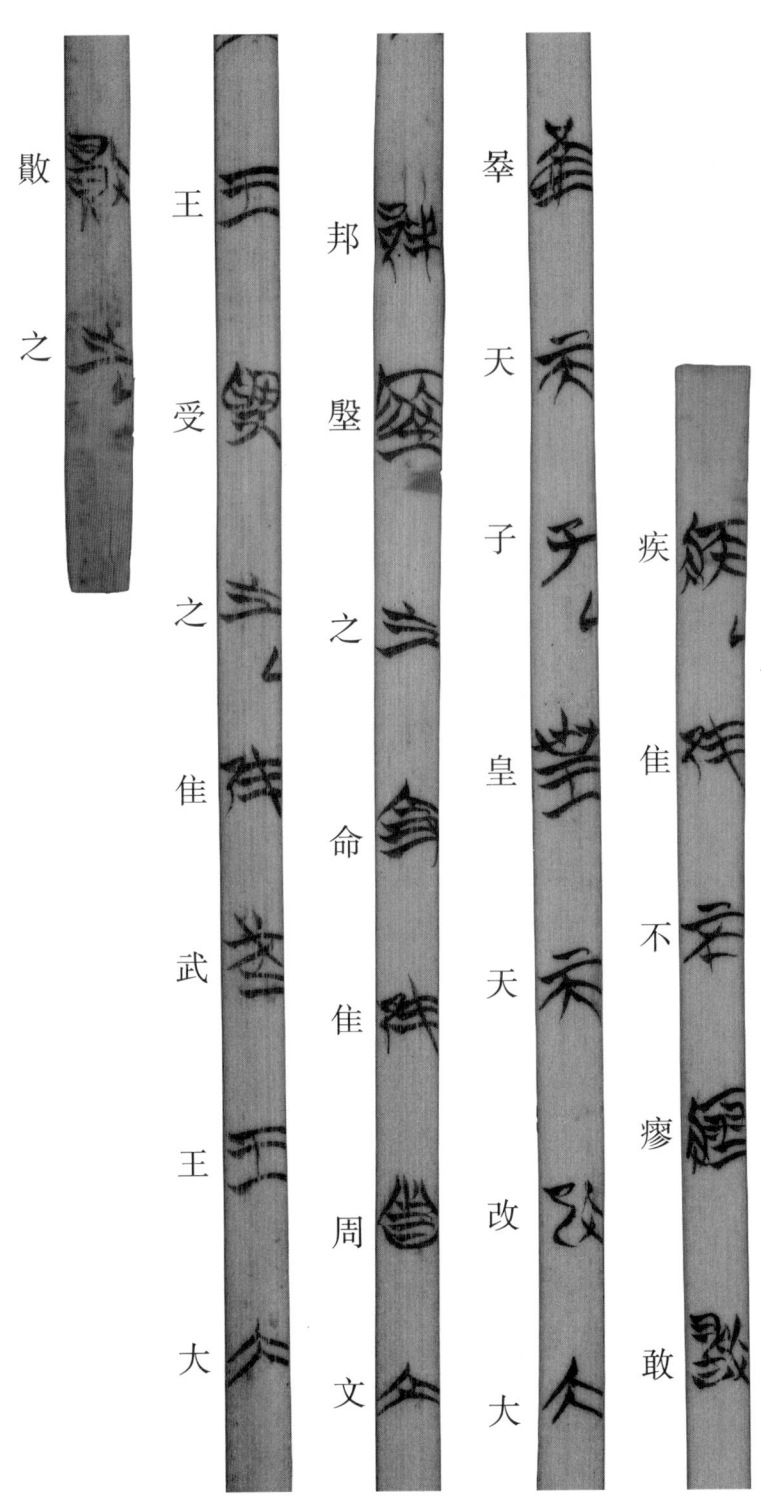

敩之 王受之佳武王大 邦塈之命佳周文 辠天子皇天改大 疾佳不瘳敢

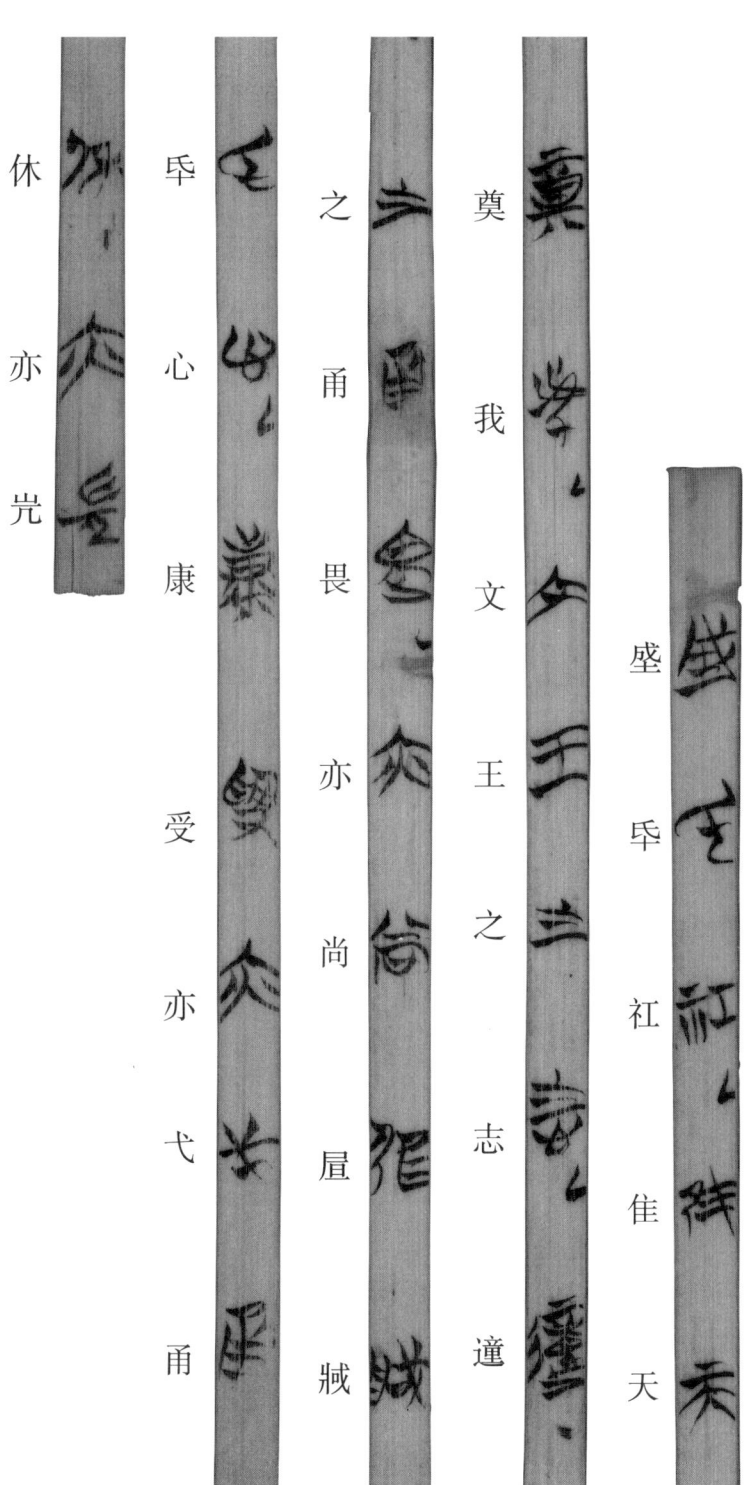

奠我文王之志違

之甬畏亦尚㞢戕

㽙心康受亦弋甬

休亦岂

㽙江隹天

《祭公之顧命》簡十一

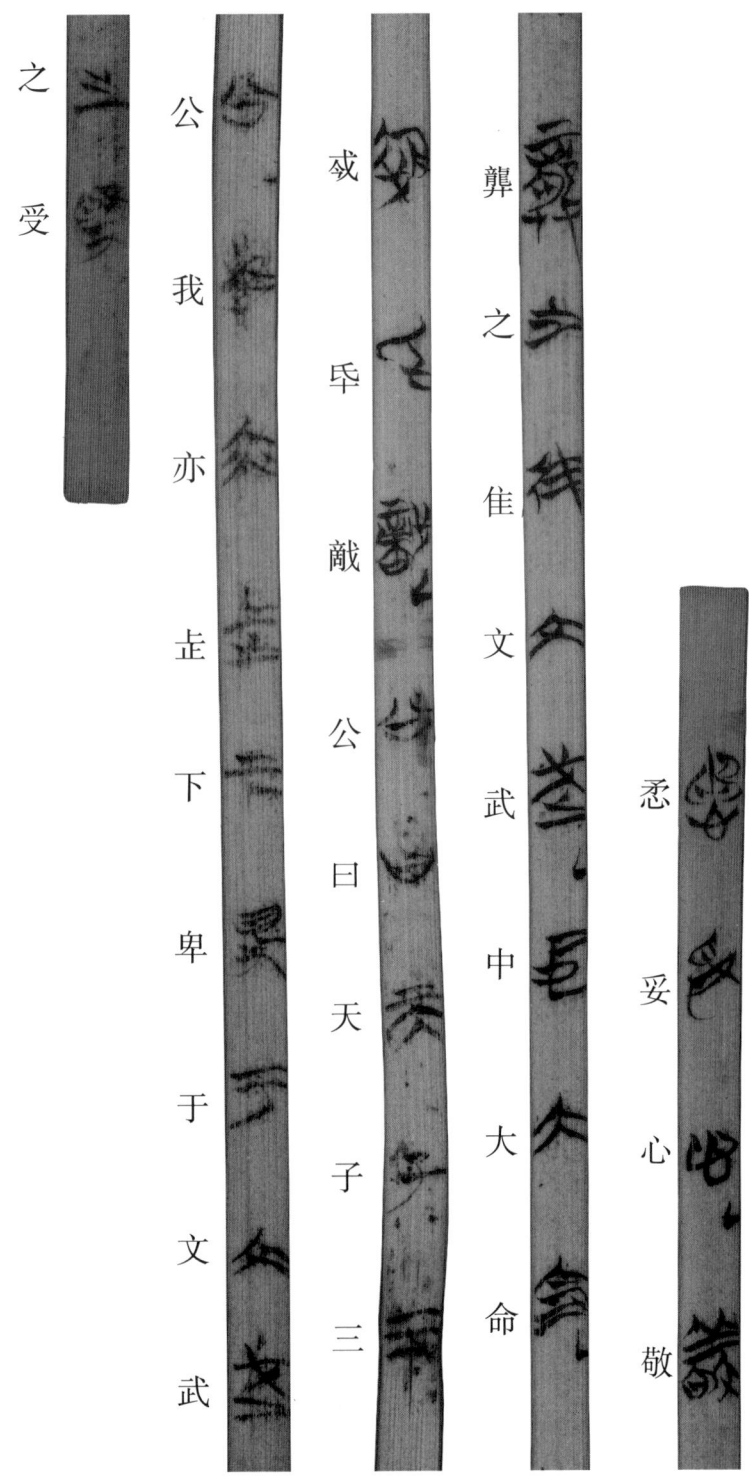

之受

公我亦走下卑于文武

或氒戜公曰天子三

靲之隹文武中大命

悉妥心敬

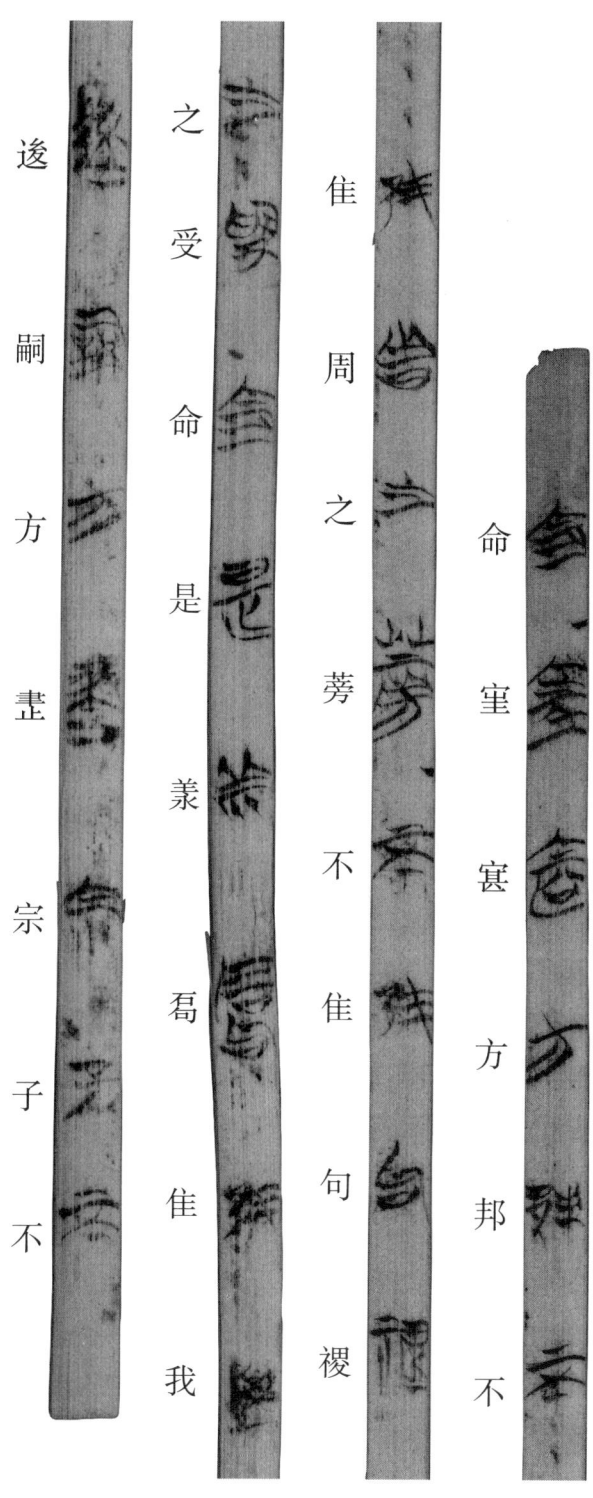

逡嗣方圭宗子不　之受命是羕昷隹我　隹周之蒡不隹句襫　命窀窔方邦不

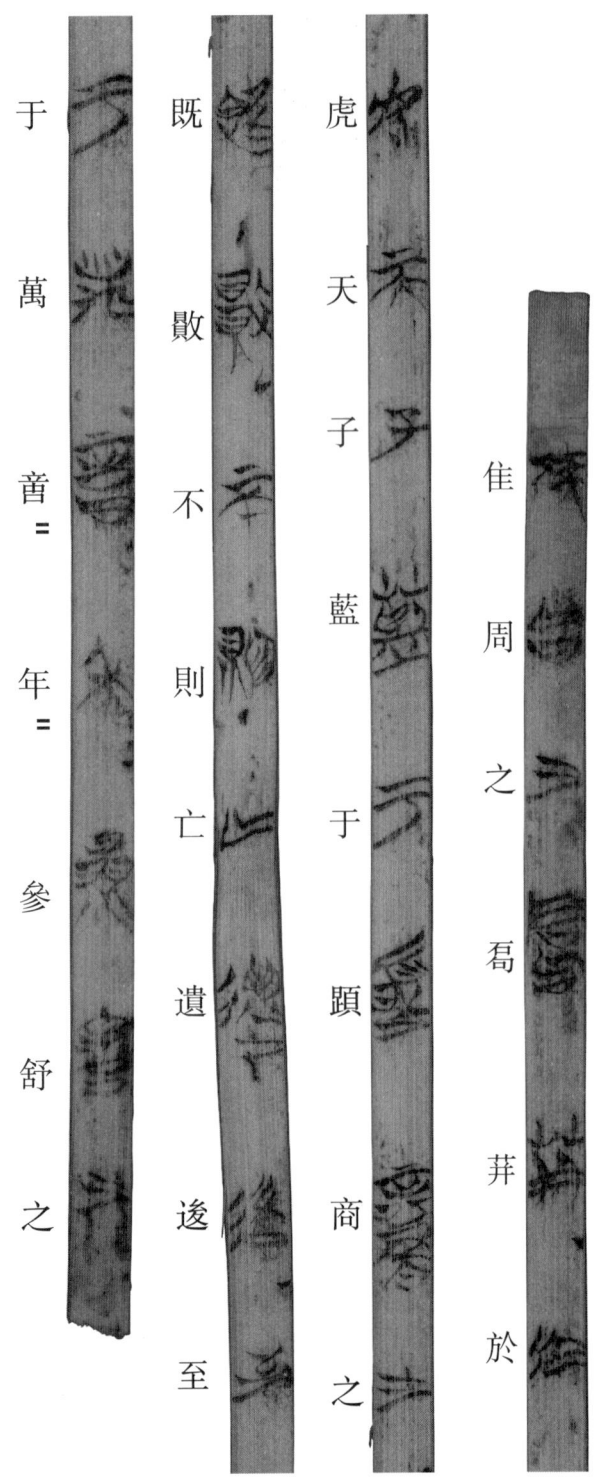

于萬畜=年=參舒之 既斂不則亡遺遂至 虎天子藍于顗商之 隹周之旬丼於

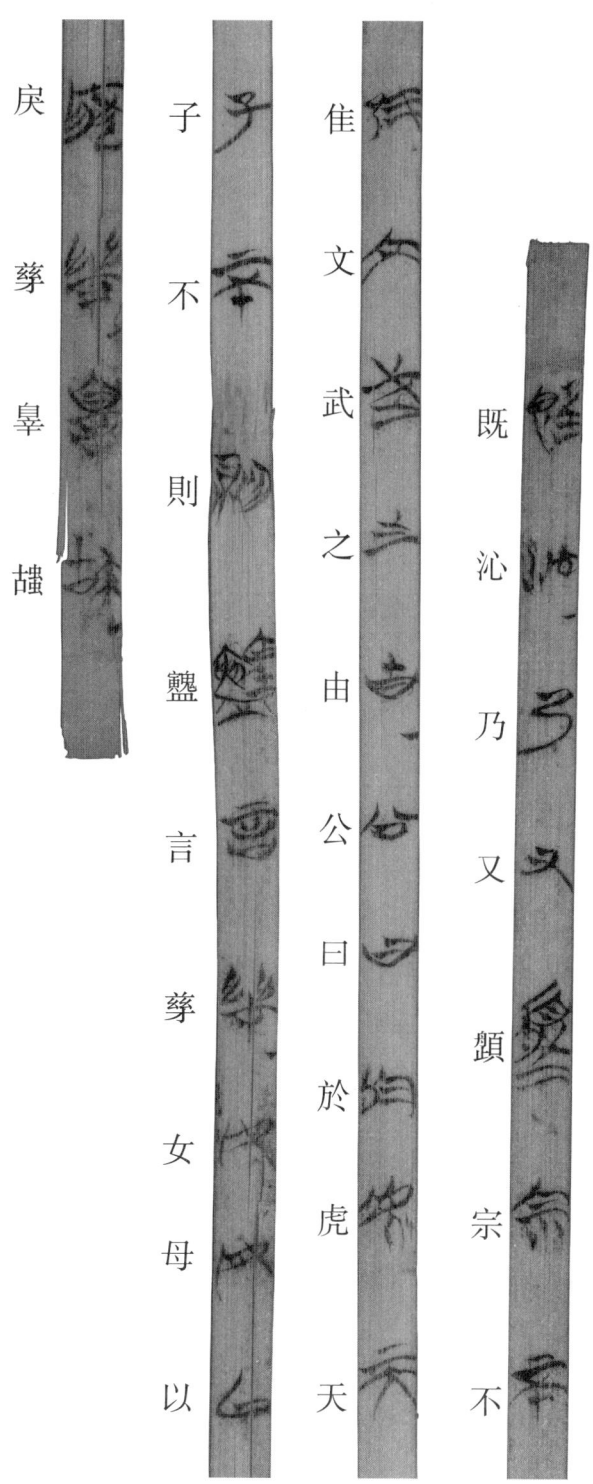

戻孨皋虗

子不則鬣言孨女母以

隹文武之由公曰於虎天

既沁乃又顁宗不

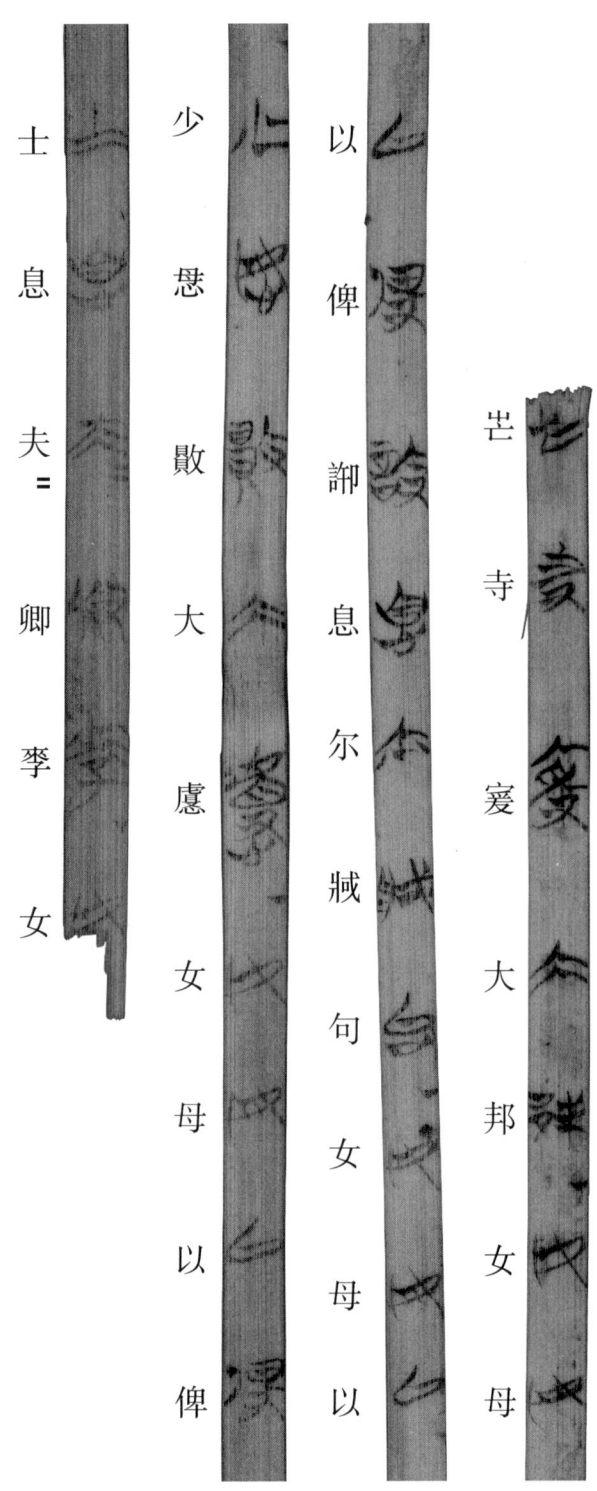

士息夫=卿挛女

少愳敓大慮女母以俾

以俾諊息尔臷句女母以

岂寺寁大邦女母

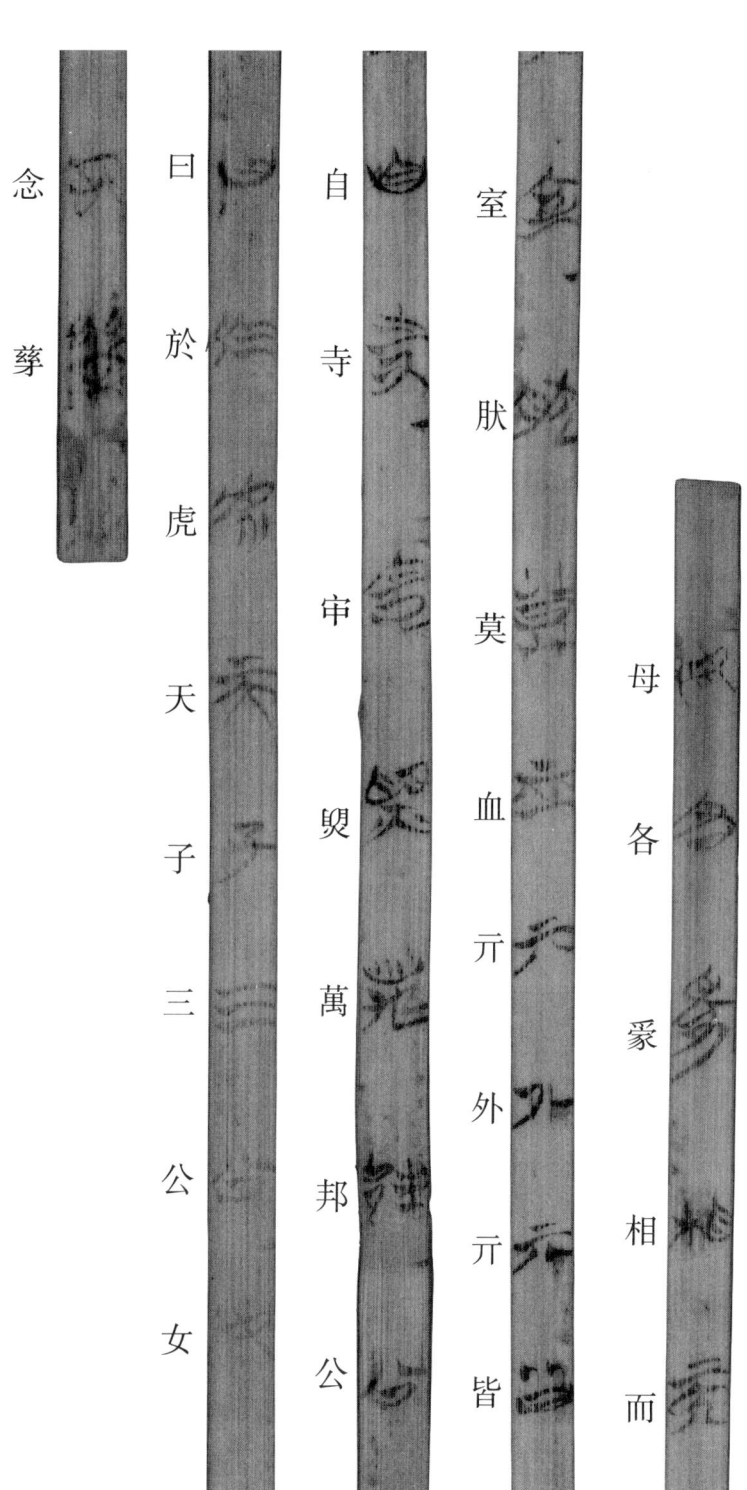

念孥

曰於虎天子三公女

自寺审毁萬邦公

室肸莫血亓外亓皆

母各豪相而

明惠型四方
曰三公專求先王之共
廞忍恥寺隹大不弔孳
女母絸䝿廞=咠

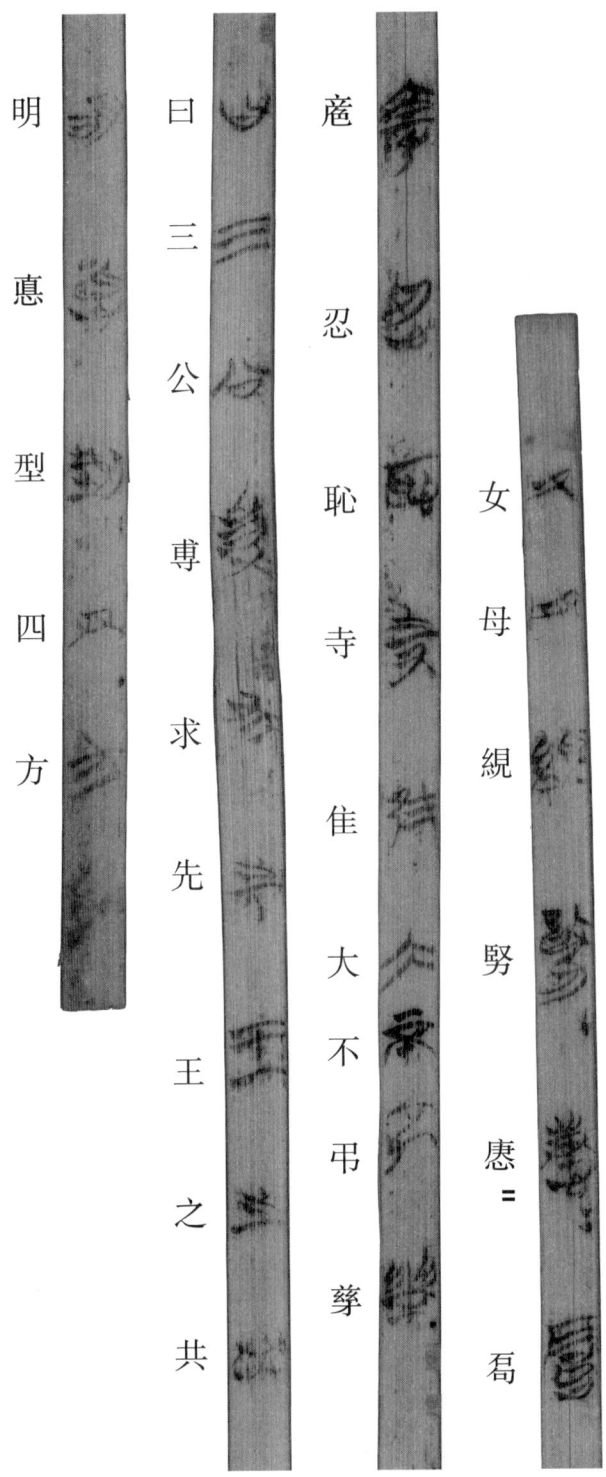

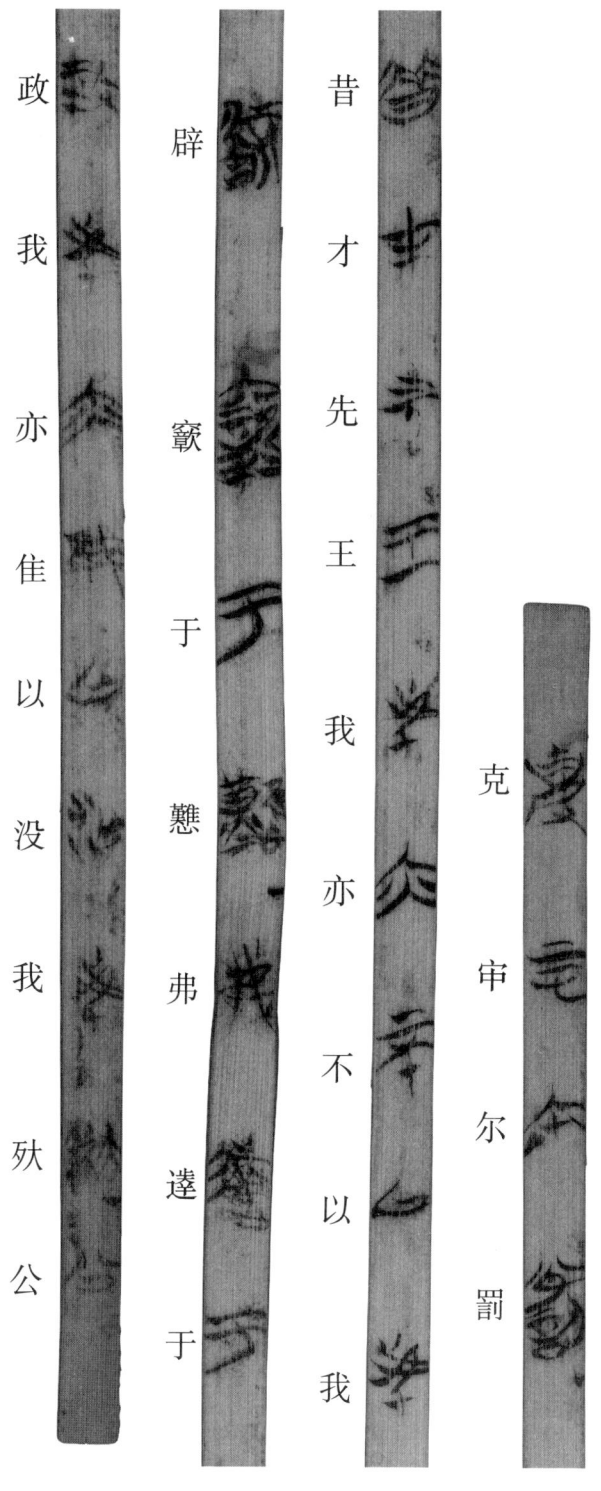

昔才先王我亦不以我辟窴于囏弗逢于政我亦隹以没我歾公克审尔罚

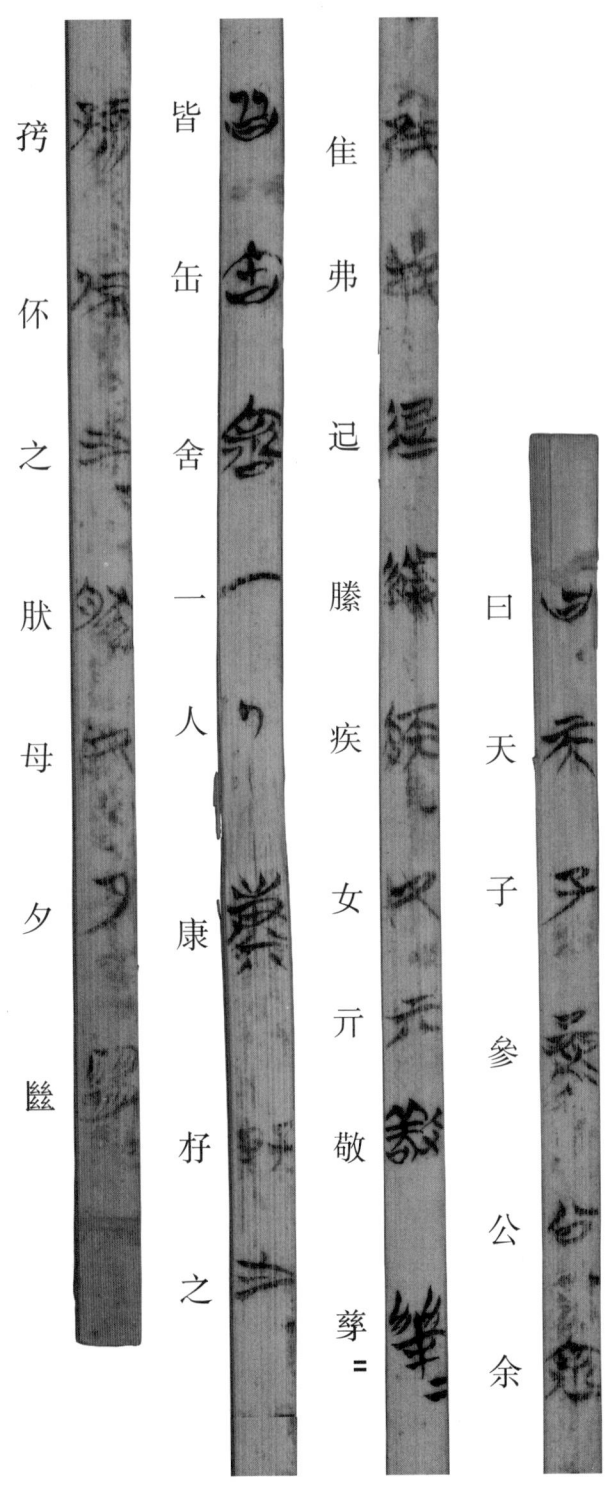

挎懷之朕母夕䜱　皆缶舍一人康孜之　隹弗忌䞭疾女亓敬孴=　曰天子參公余

《祭公之顧命》簡二十

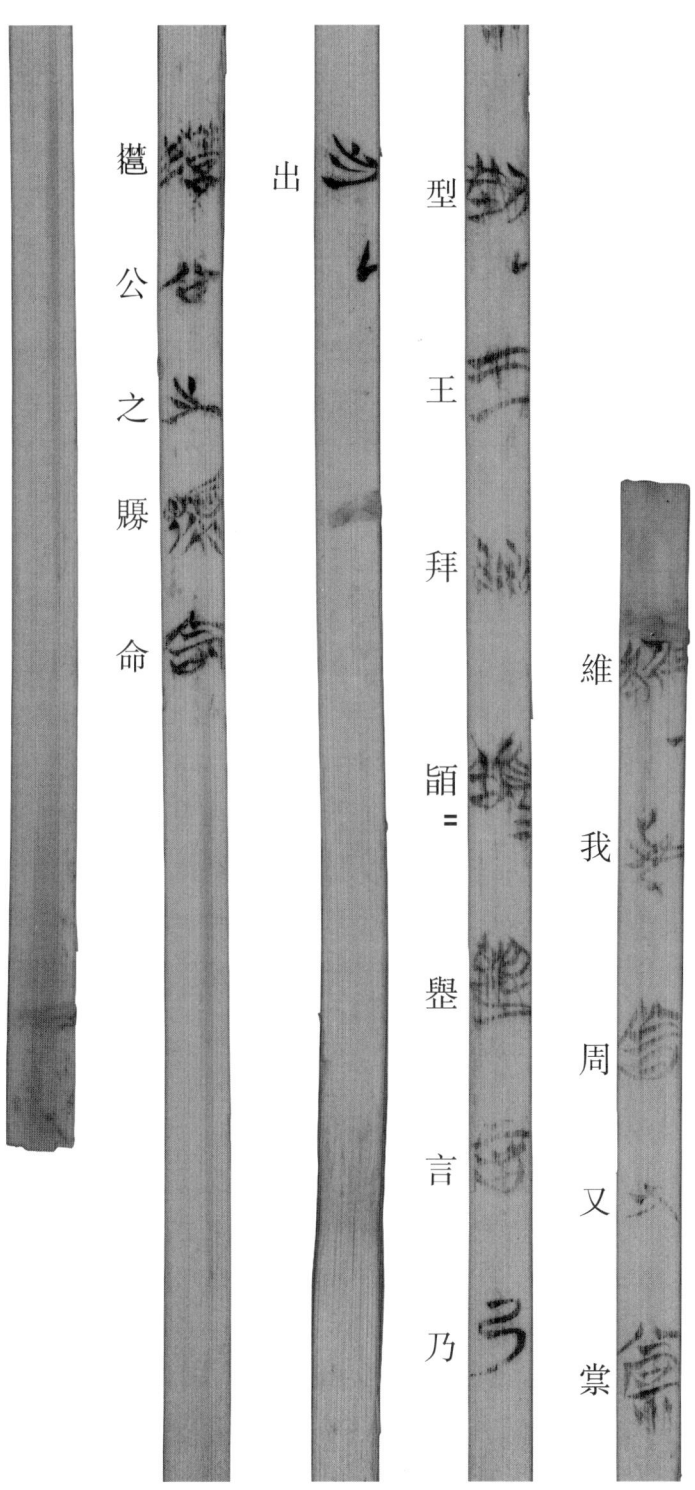

蠢公之賜命 出 型王拜誧=稽言乃 維我周又棠

《祭公之顧命》簡二十一

《保训》正面

《保训》背面

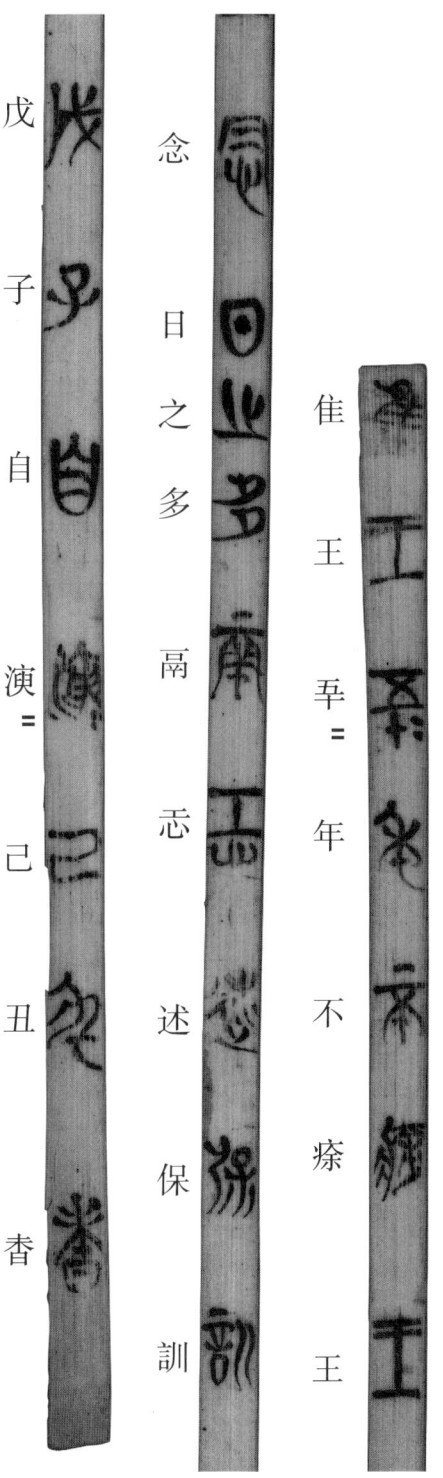

隹王五十年不瘳王
念日之多鬲恧述保訓
戊子自濥=己丑昧

《保訓》簡一

悉不女及

若曰發朕疾適甚

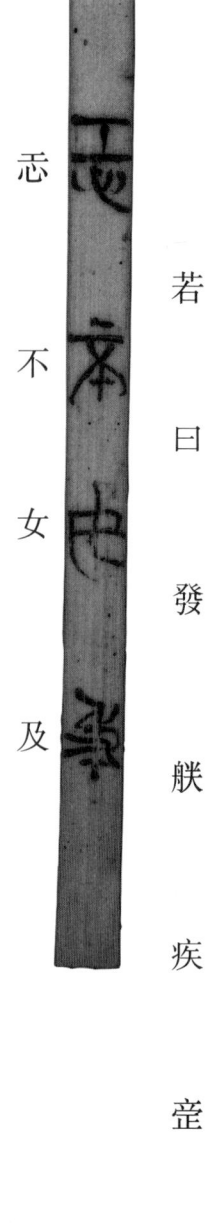

恁弗念叐女以箸
之以詷今朕疾允疒
訓昔耇人遘保必受

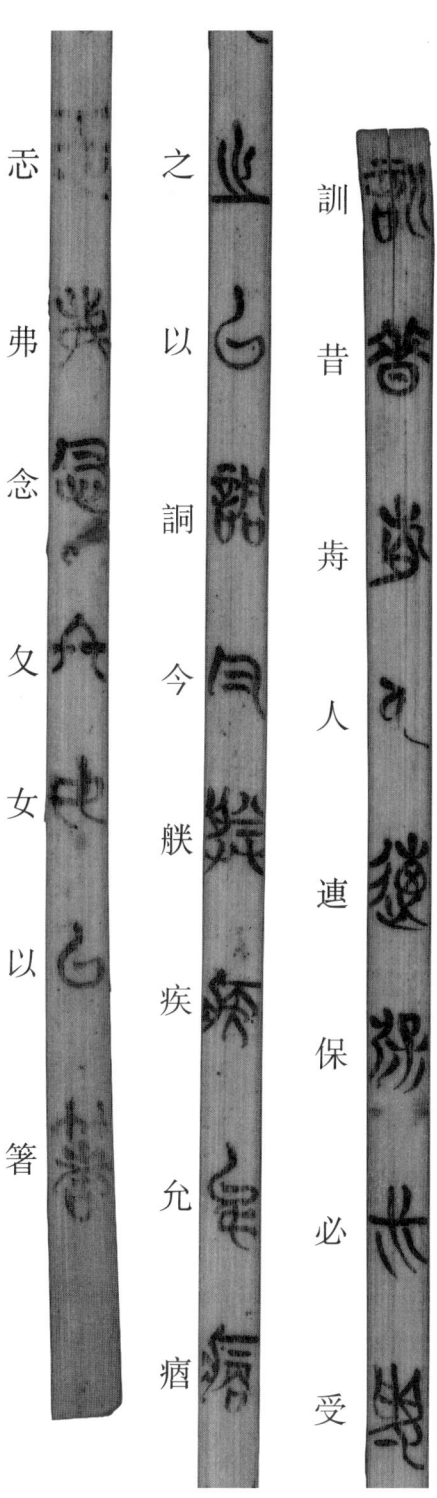

《保训》简三

受之欽才勿淫昔

舊夂火=親勘于鬲茅

志救中自詣㔾志

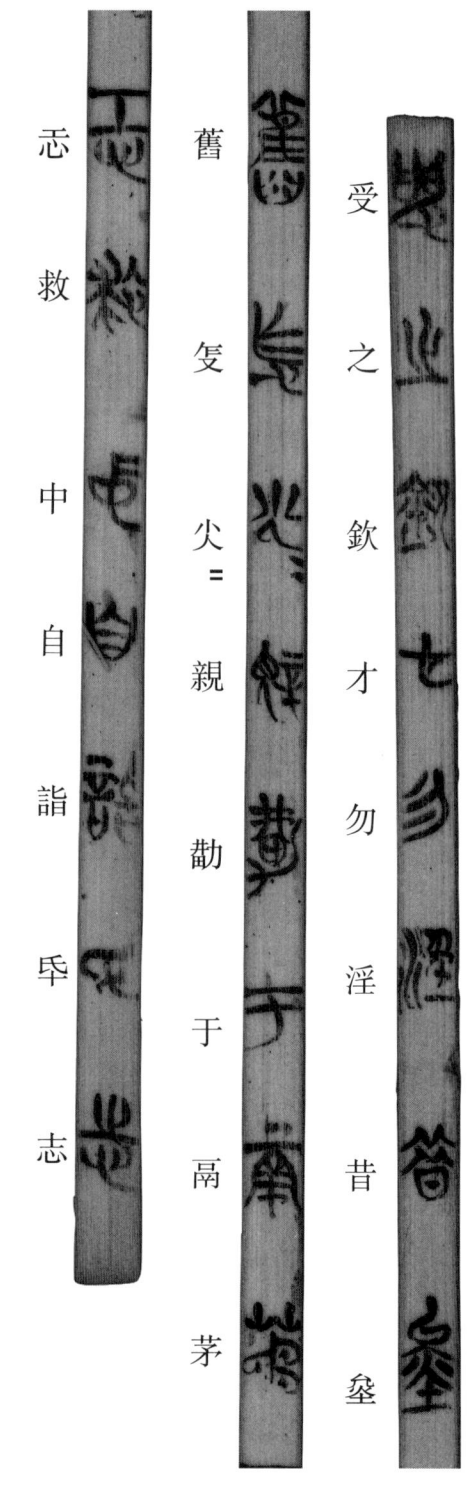

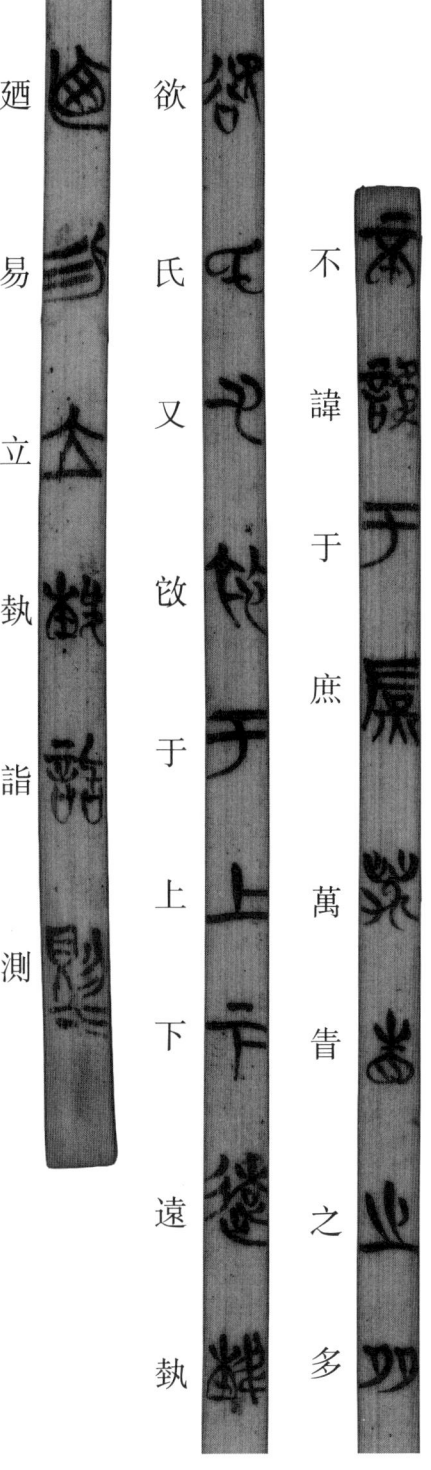

廼易立執詣測 欲氏又敆于上下 不諱于庶萬眚之多

《保训》简五

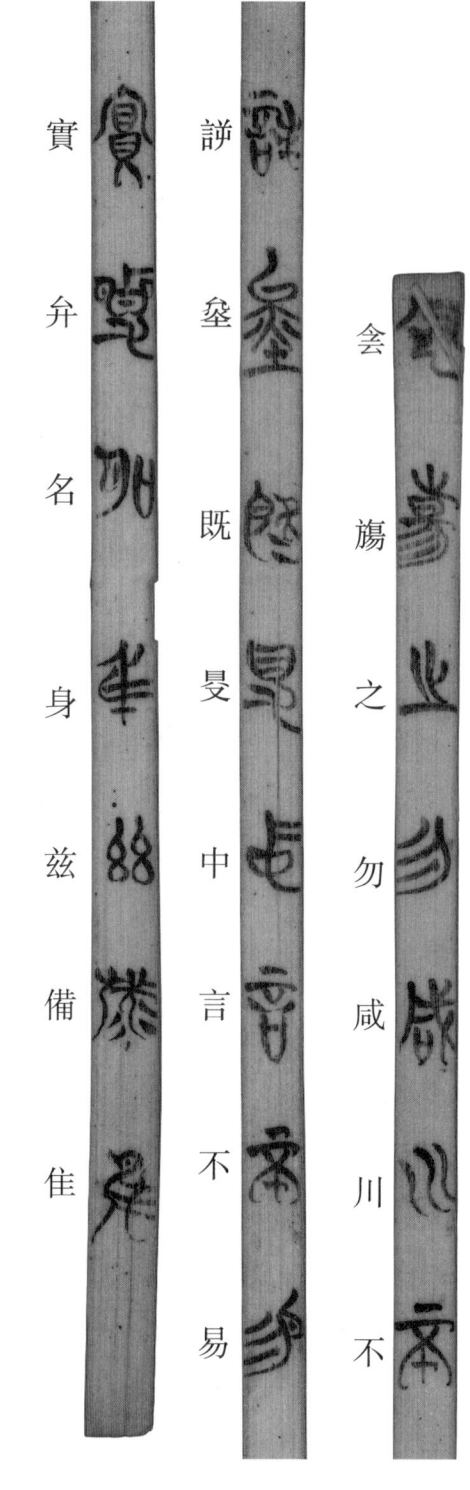

会茅之勿咸川不諄誋既曼中言不易實弁名身兹備隹

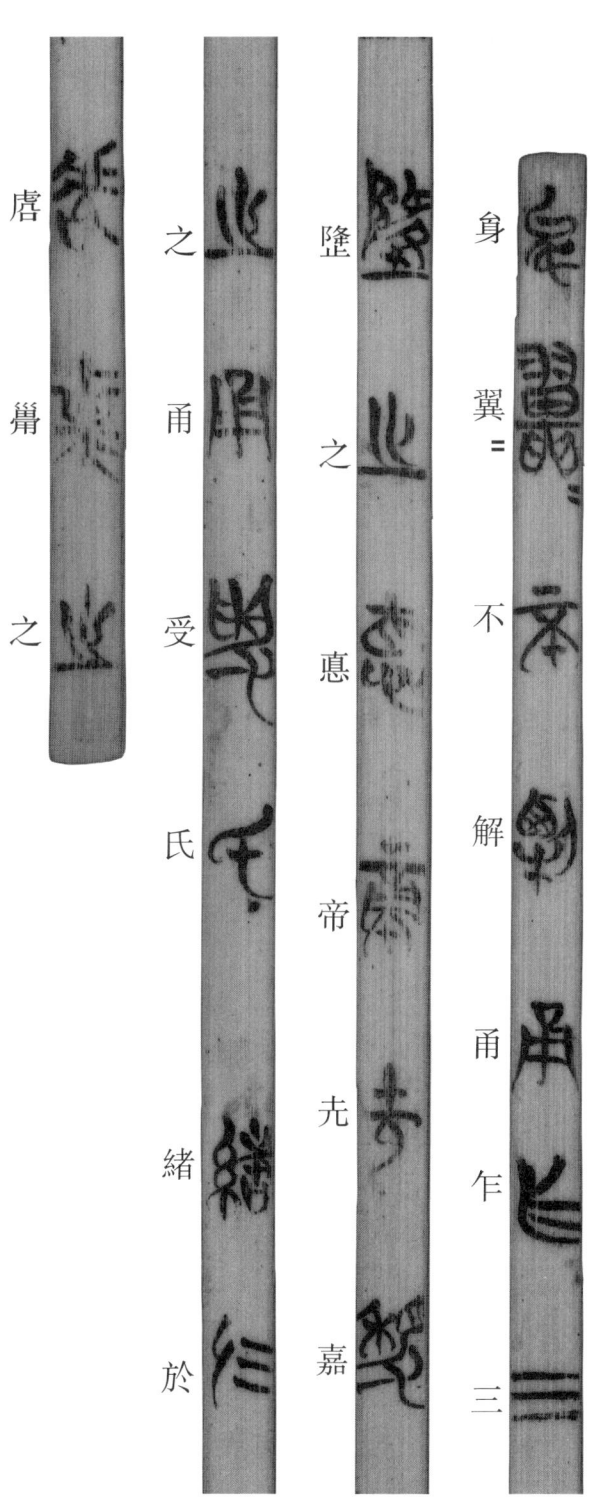

唐虞之
之甬受氏緒於
隆之慝帝先嘉
身翼=不解甬乍三

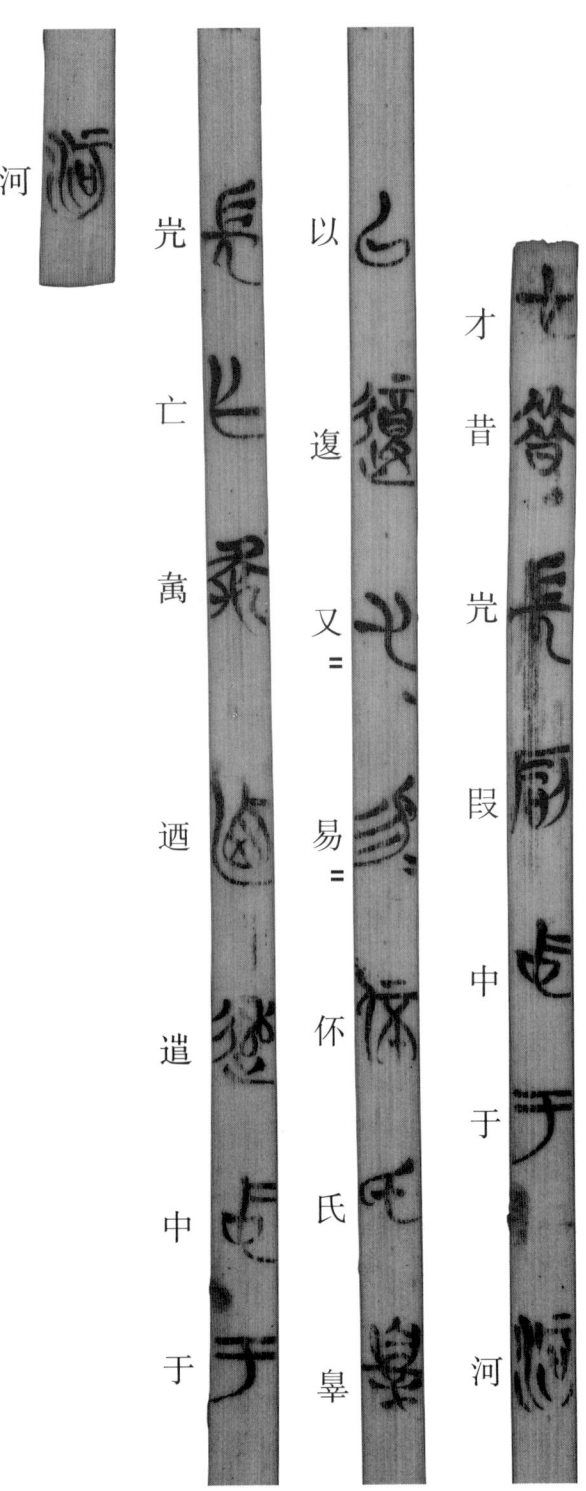

河

昷亡萬迺遺中于

以遉又=易=怀氐皋

才昔昷叚中于河

《保训》简八

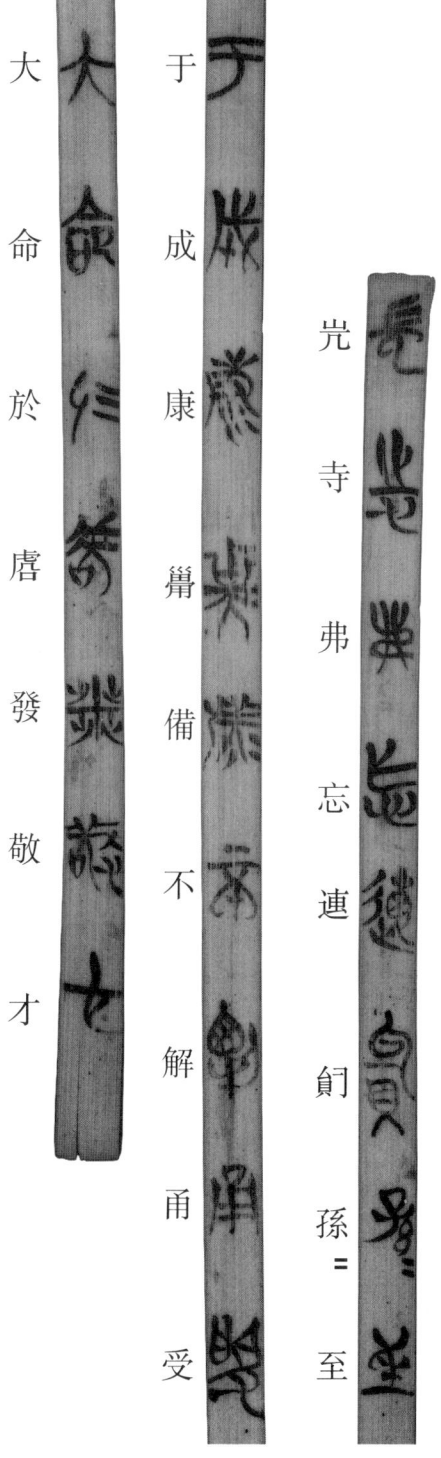

兹寺弗忘連钌孫=至
于成康胄備不解甬受
大命於唐發敬才

朕疾兹不舊命未又所
次今女騣備母解亓又
所堇矣不

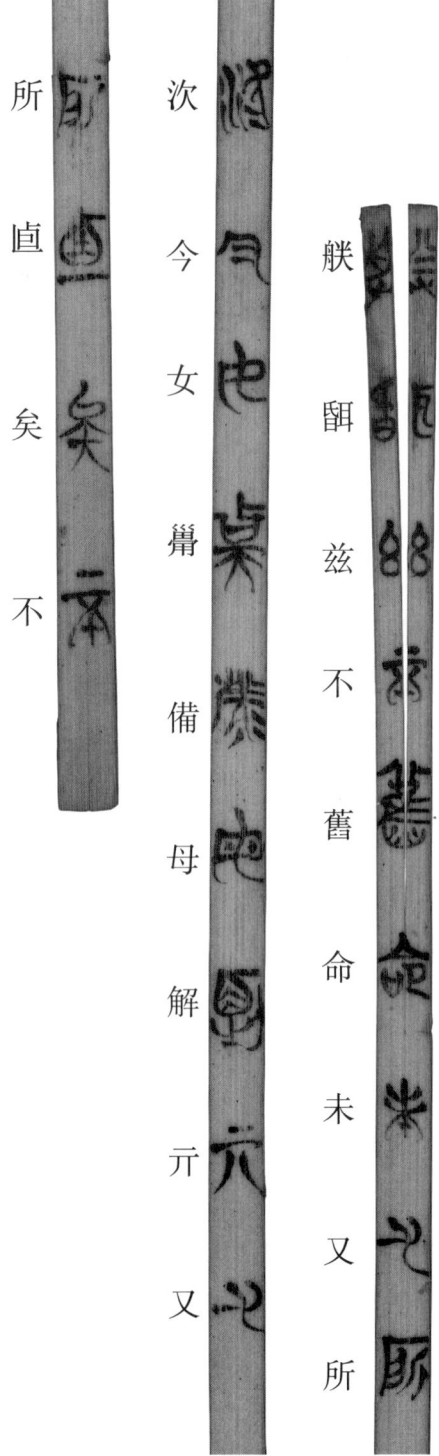

佴不羕 敬才母淫日不足隹 及尔身受大命

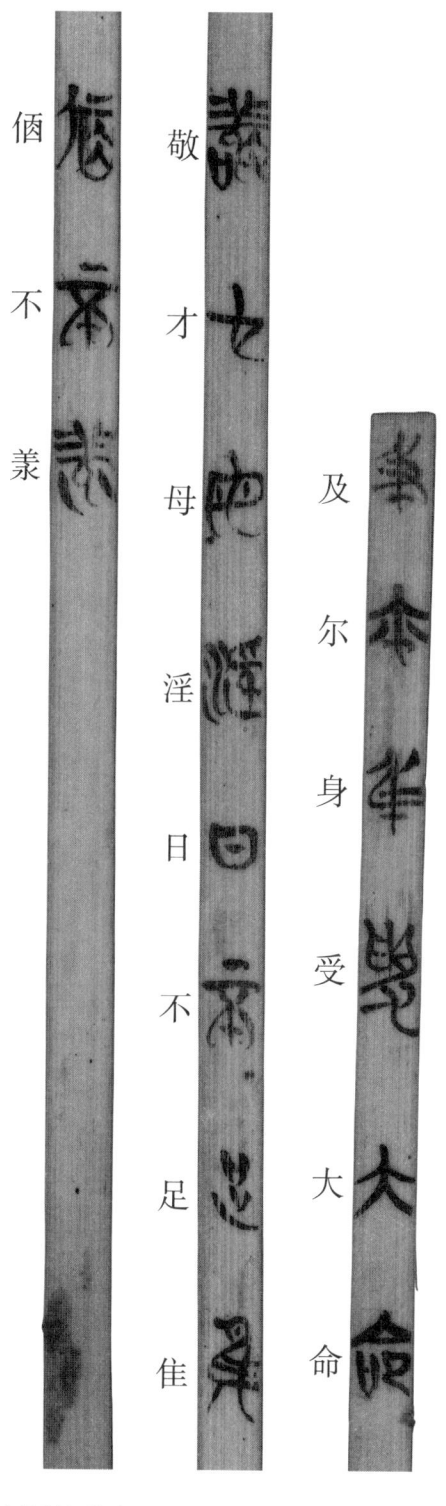

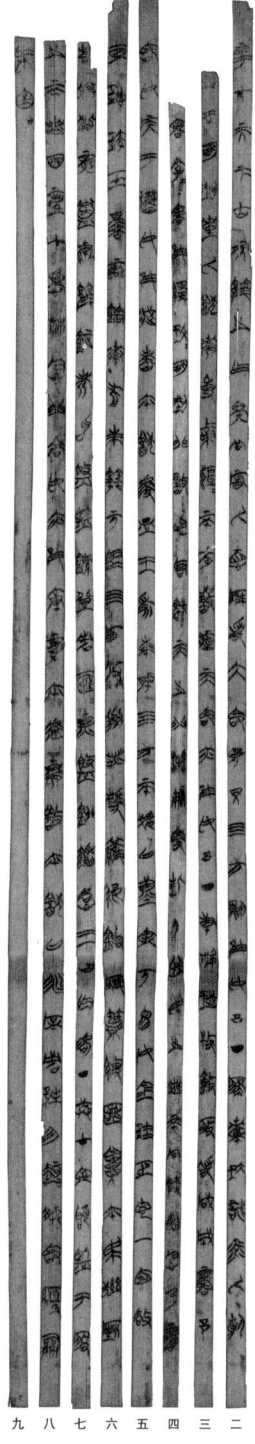

《封许之命》正面

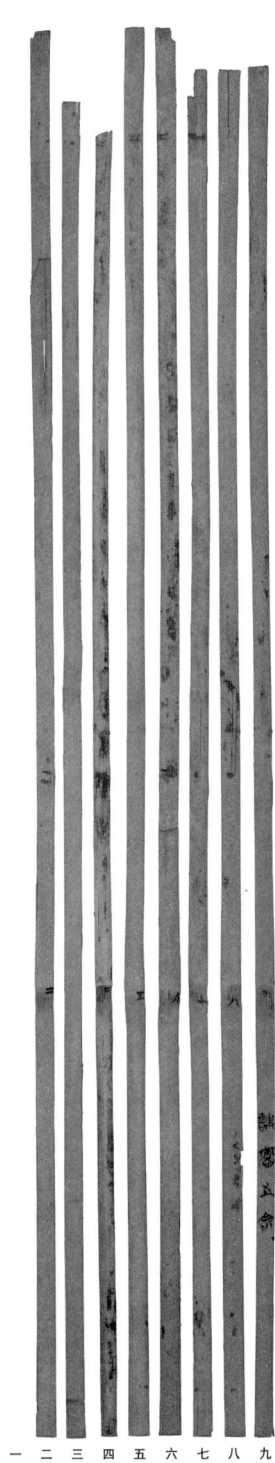

一 二 三 四 五 六 七 八 九

《封许之命》背面

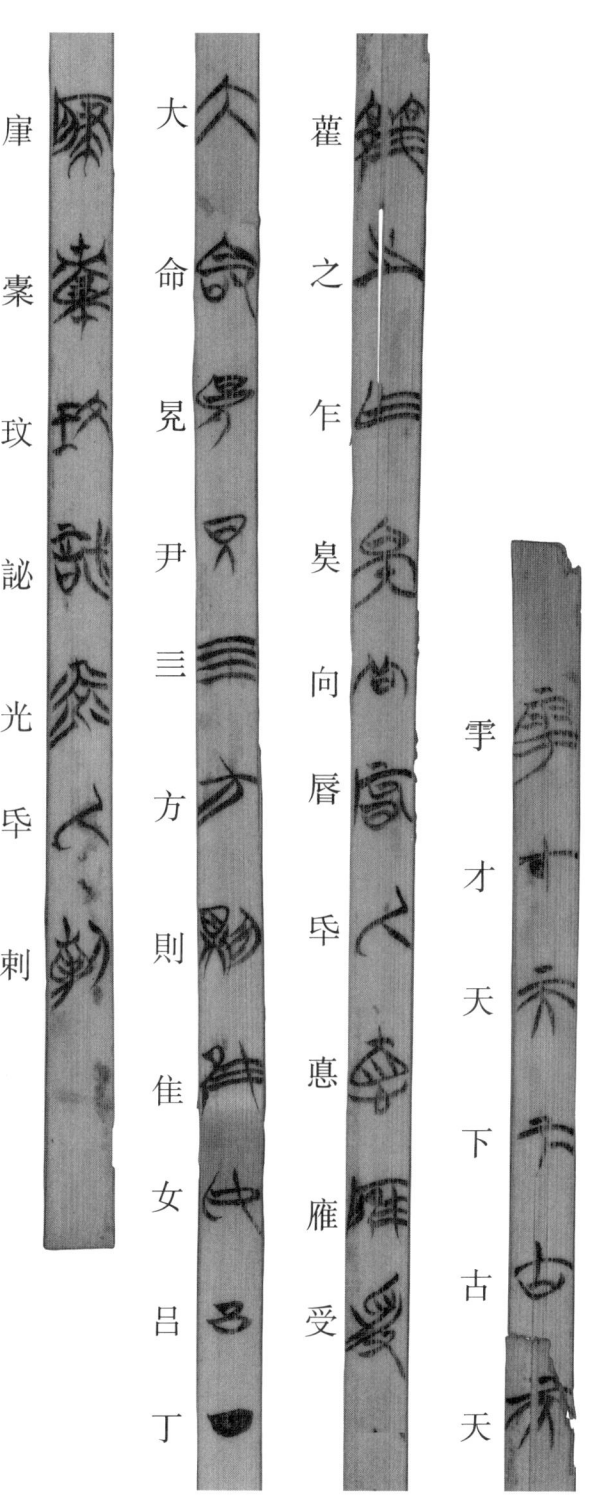

廛橐玫谧光氒剌　大命晁尹三方則隹女吕丁　雚之乍臭向唇氒惠雁受　雩才天下古天

《封许之命》简二

殷受咸成商邑

亦隹女呂丁旗楠斌玫敦

事帝趩=不苟嚴塑天命

斌司明型蓳戺猷胄

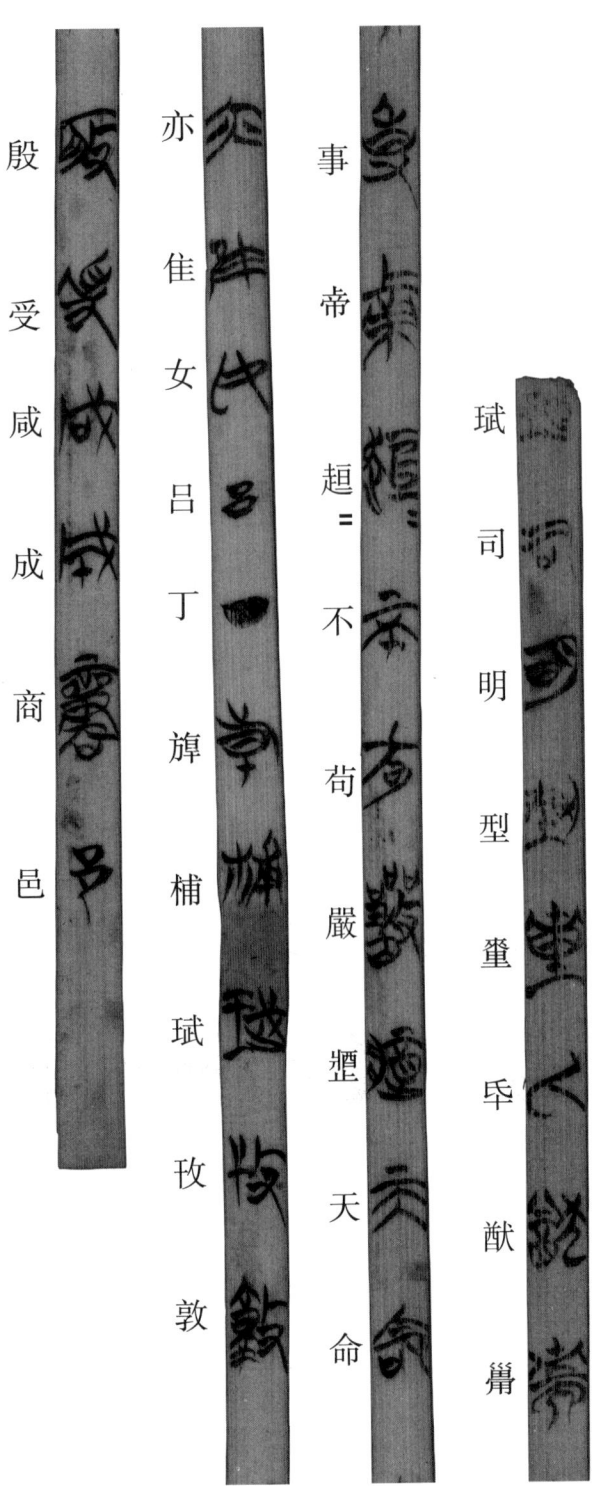

《封許之命》簡三

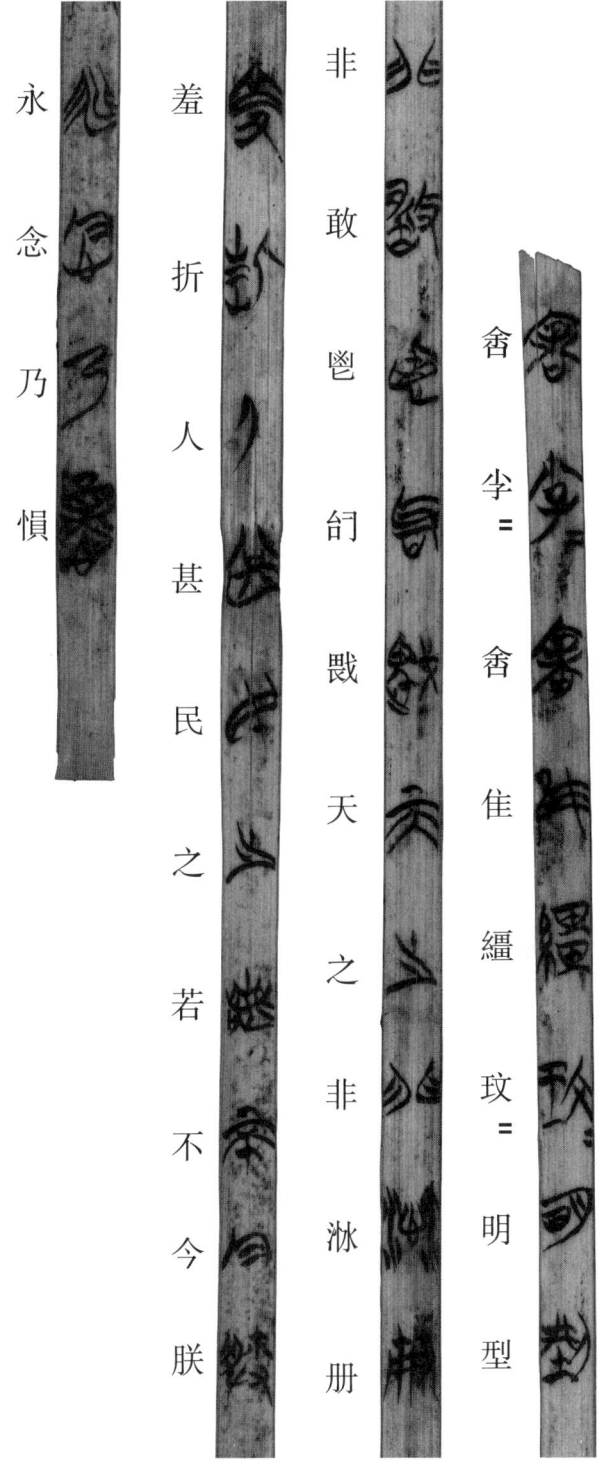

永念乃愳

羞折人甚民之若不今朕

非敢兇訢戩天之非淊冊

舍尐=舍隹繩玟=明型

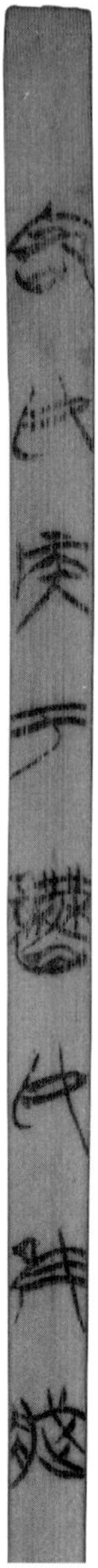

命女侯于鄦女佳斃
耆本銳參亞虞血王豪束脟三
方不瑴以菫余大易女倉珪
巨邕一卣敊

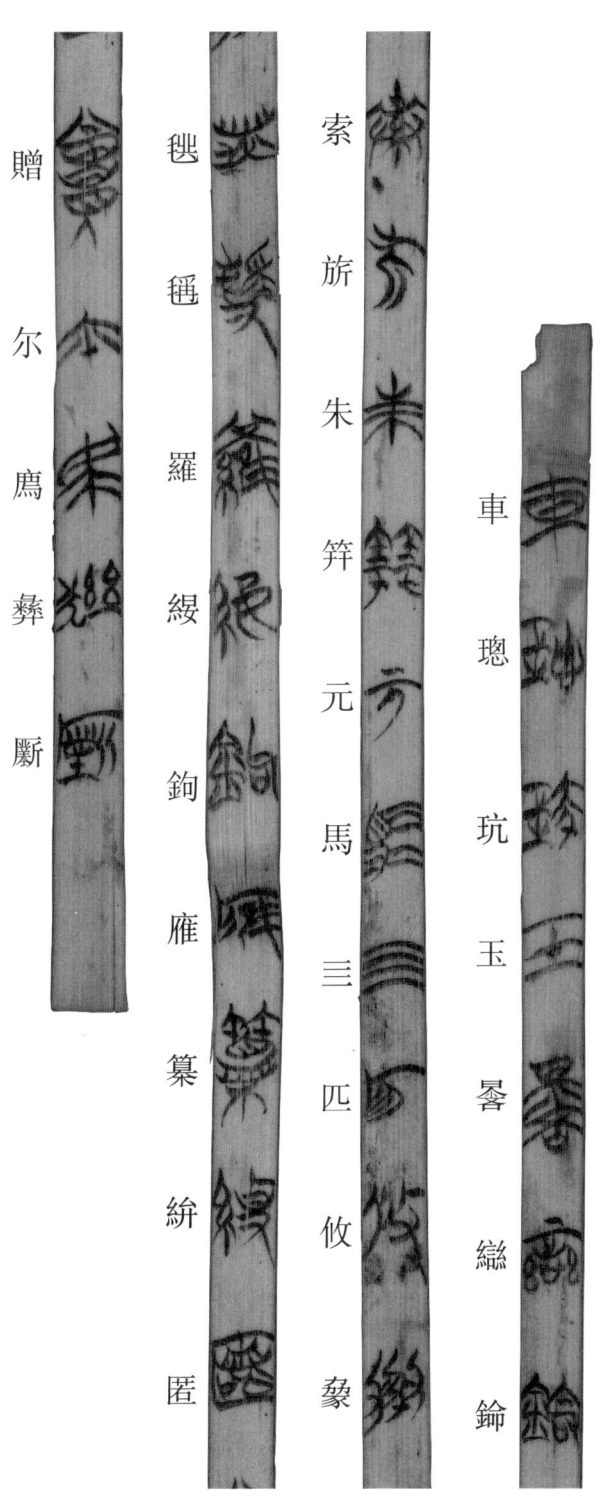

車璁玕玉嚞䜌鈴

索旃朱筭元馬三匹攸勒

毪氈羅緌鉤雁篹絣匴

贈尔䖍彝斷

《封許之命》簡六

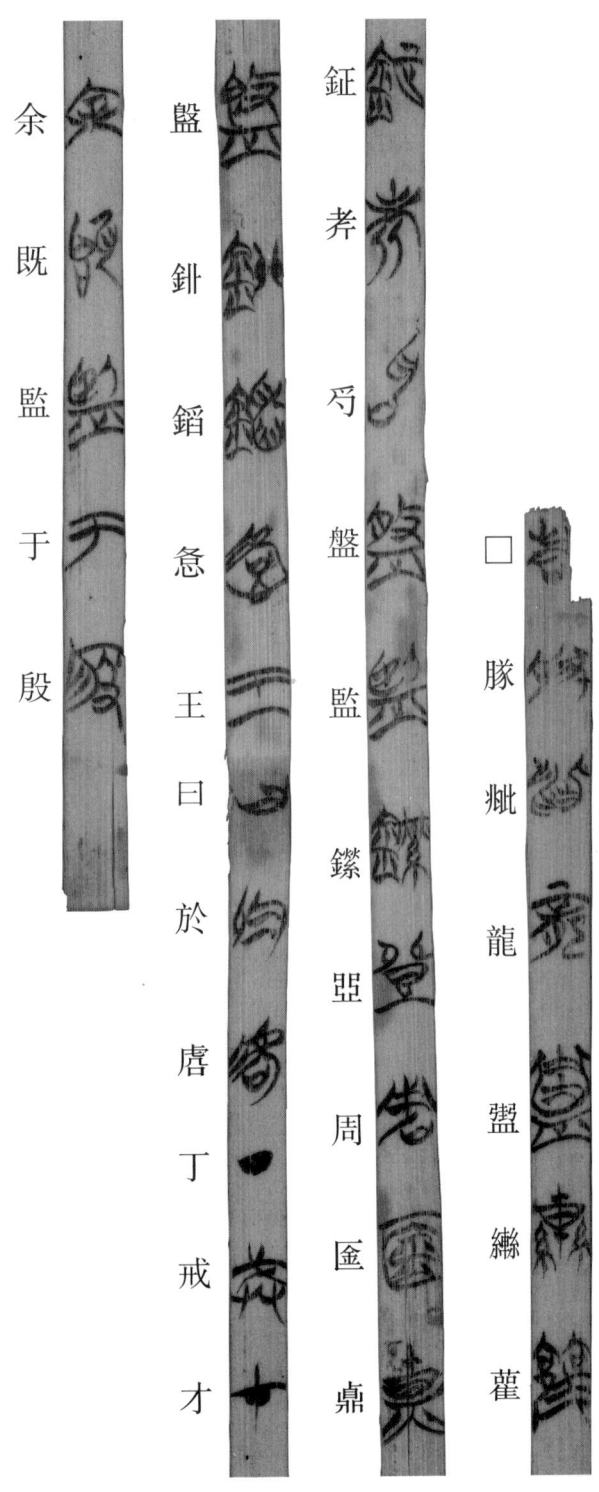

余既監于殷

盤釧鎬悆王曰於虗丁戒才

鉦考丂盤監鑠璱周匫鼎

□豚鈚龍璱繗蒦

《封許之命》簡七

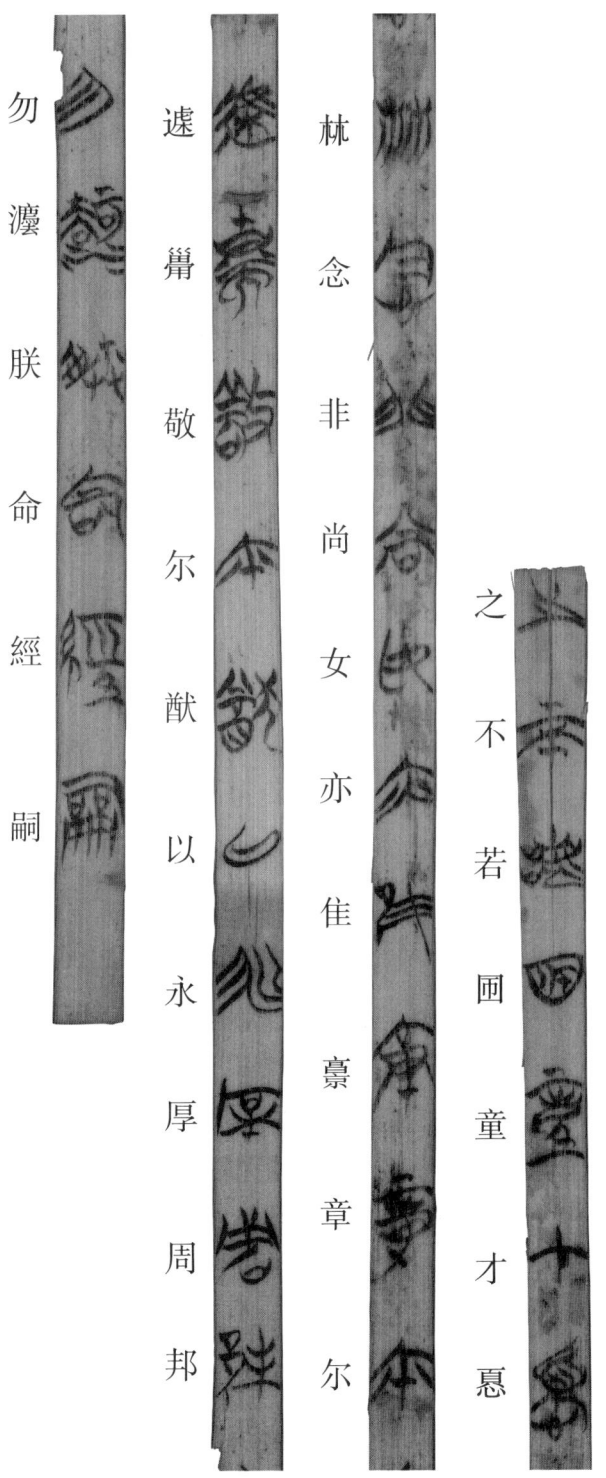

勿灋朕命經嗣 遹聑敬尔猷以永厚周邦 林念非尚女亦佳臺章尔 之不若囧童才惪

枼言